JN419257

첫 번 째
밀랍플라워&캔들

첫 번째 밀랍플라워 & 캔들

—

2017년 12월 22일 1판 1쇄 발행
2020년 2월 28일 1판 2쇄 발행

—

지은이 올리브앤스토리(최윤경)
펴낸이 이상훈
펴낸곳 책밥
주소 03986 서울시 마포구 동교로23길 116 3층
전화 번호 070) 7882-2311
팩스 번호 02) 335-6702
홈페이지 www.bookisbab.co.kr
등록 2007.1.31. 제313-2007-126호

—

기획·진행 박미정
디자인 디자인허브

—

ISBN 979-11-86925-32-4 (13630)
정가 16,000원

—

책밥은 (주)오렌지페이퍼의 출판 브랜드입니다.

이 도서의 국립중앙도서관 출판예정도서목록(CIP)은 서지정보유통지원시스템 홈페이지(http://seoji.nl.go.kr)와 국가자료공동목록시스템(http://www.nl.go.kr/kolisnet)에서 이용하실 수 있습니다.(CIP제어번호: CIP2017032747)

첫 번 째

밀랍플라워&캔들

올리브앤스토리(최윤경) 지음

책밥

머리말

생화보다 더 생화 같은 천연왁스 밀랍플라워

꽃, 향기, 캔들은 여자들의 취향을 한껏 사로잡는 아이템입니다. 그중에서도 특히 아로마 캔들은 향기만으로도 충만한 위안을 주는 영원한 힐링 아이템이지요. 처음 드라이플라워로 만든 캔들을 보고 너무 예뻐서 드라이플라워를 사거나 생화를 말려 캔들을 만들어 보기도 했어요. 하지만 꽃을 태울 수 없기 때문에 장식용으로만 사용할 수밖에 없다는 것이 아쉬웠어요. 이런 아쉬움을 채워 준 것이 밀랍플라워 공예입니다. 영원히 지지 않는 향기롭고 아름다운 꽃을 내 손으로 피워내는 시간은 언제나 즐겁고 행복합니다. 밀랍플라워는 굳이 태우지 않고 인테리어 소품으로 활용해도 손색이 없어요. 또한 다른 꽃 공예와는 다르게 캔들처럼 태울 수 있는 실용적인 꽃이랍니다.

플라워 캔들은 보통 생화를 말린 드라이플라워 또는 약품 처리된 프리저브드를 사용해 만듭니다. 하지만 캔들에 사용된 플라워를 직접적으로 태울 수 없고, 화재의 위험이 있다는 단점이 있습니다. 그래서 요즘에는 플라워 모양의 몰드로 만드는 왁스 플라워 캔들이 인기입니다. 하지만 몰드의 종류가 다양하지 않고 생화와 흡사한 캔들을 완성하기에 다소 까다롭다는 단점이 있습니다.
그래서 최근 이에 대한 대안으로 천연왁스를 이용해 앙금플라워나 버터플라워 같은 형식의 짤주머니로 꽃을 짜서 캔들을 만드는 방식이 새롭게 개발되어 다양한 플라워 표현이 가능해졌습니다.
바야흐로 생화와 최대한 흡사한 플라워 캔들을 찾는 사람들이 많아지면서 인공왁스를 이용해 한 잎 한 잎 꽃잎을 붙여 만드는 왁스플라워가 개발되었고, 최근에는 천연제품을 선호하는 분위기에 따라 천연왁스를 이용해 플라워를 완성하는 밀랍플라워가 인기를 얻고 있는 추세입니다.
밀랍플라워는 비록 한 송이를 완성하는 데 많은 시간과 정성이 필요하지만 천연왁스인 데다가, 진짜와 구별이 안 될 정도로 생화와 흡사해 많은 사람들에게 사랑받고 있는 왁스플라워입니다.

이러한 밀랍플라워는 꿀 100%에서 추출한 천연왁스인 비즈왁스를 이용해 만들기 때문에 비즈왁스 고유의 향을 간직하고 있으며, 발향 시 프로폴리스라는 몸에 유익한 성분이 나오기 때문에 어떤 캔들왁스보다 고급스럽고 건강한 캔들입니다. 또한 좁은 공간의 제습 효과와 벌레 퇴치에도 매우 효과적이랍니다.

『첫 번째 밀랍플라워 & 캔들』을 통해 친애하는 누군가에게 영원히 지지 않는 꽃과 향기, 힐링을 선물해보는 것은 어떨까요? 이 책이 다소 어렵게 느껴질 수 있는 플라워 공예를 누구나 쉽고 재미있게 만들어볼 수 있는 가이드가 되었으면 합니다. 즐겁게 조금씩 즐기다 보면 내 손 안에서 예쁜 꽃이 한 아름 피어날 거예요.

올리브앤스토리 최윤경 드림

차례

I 베이직 캔들과 석고 방향제 만들기

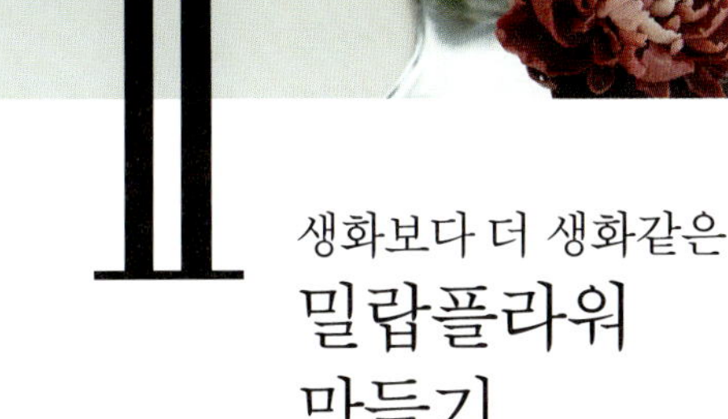

Ⅱ 생화보다 더 생화같은 밀랍플라워 만들기

Ⅲ 밀랍플라워를 활용해 캔들 만들기

캔들이란?

캔들은 양초를 만드는 주원료인 왁스에 향을 넣어 발향시키는 발향초입니다. 예전에는 인공왁스의 강한 발향력을 이용해 캔들을 집 안의 잡냄새 제거나 습기 제거의 용도로 사용했었습니다. 하지만 최근 건강한 웰빙 라이프가 대두되면서 인체에 유해한 인공왁스보다 건강에 무해한 천연왁스로 만든 천연 소이 캔들이 널리 사랑받게 되었습니다.

컨테이너 캔들과 필라 캔들

캔들은 크게 용기에 담긴 컨테이너 캔들(Container Candle)과 용기 없이 독립적으로 접시나 사기 그릇, 촛대에 꽂아 사용하는 필라 캔들(Pillar Candle)로 나뉩니다.

컨테이너 캔들은 용기의 모양에 따라 캔들의 전체적인 형태가 결정됩니다. 가장 작은 컨테이너 캔들은 티워머(Tea Warmer)나 캔들 하우스(Candle House)에 넣어 사용하는 작은 티라이트 캔들을 생각하면 쉽습니다. 몰드로 만드는 필라 캔들은 몰드에서 꺼내 캔들만 독립적으로 사용하는데 가장 작은 종이컵 사이즈의 필라 캔들을 보티브 캔들(Votive Candle)이라고 합니다.

컨테이너 캔들은 심지가 왁스를 녹이면서 왁스가 타는 방식으로 발향되며, 필라 캔들은 심지가 왁스를 녹이면서 캔들 겉으로 왁스가 흘러내려 타는 방식으로 발향됩니다.

천연왁스의 종류와 특징

향기를 발산시키는 캔들의 주원료인 왁스는 천연왁스와 인공왁스로 나뉩니다. 천연왁스는 콩, 꿀벌에서 생산한 천연밀랍, 야자열매 등의 천연재료로 만들고, 인공왁스는 석유를 정제하는 과정에서 나오는 파라핀, 미네랄 오일과 폴리머(플라스틱 재료) 등으로 만듭니다.

소이 왁스(Soy Wax)

소이 왁스는 콩 100%로 만든 천연왁스로서 소이 캔들을 만들 때 사용합니다. 소이왁스는 컨테이너 캔들을 만들 때 사용하는 컨테이너 소이왁스와 필라 캔들을 만들 때 사용하는 필라 소이왁스로 나뉩니다. 두 가지 종류의 소이왁스는 융점(녹는 온도)에 따라 구분할 수 있는데 필라 소이왁스가 컨테이너 소이왁스보다 융점이 높습니다.

컨테이너 소이왁스 | 융점(녹는 온도)이 낮아 왁스를 용기에 부었을 때 용기 벽면 에서 왁스가 수축해 뜨는 현상이 적어 용기에서 빼내기 어렵습니다. 그러므로 용기에 담아 사용하는 컨테이너 캔들을 만들 때 사용합니다. 이것은 네이처, 에코소야, 골든 왁스로 나뉘는데 이는 컨테이너 왁스의 종류인 동시에 왁스를 만드는 제조사 이름이기도 합니다. 세 가지 모두 100% 콩 원료로 만들지만 제조사마다 만드는 방법이 달라서 왁스의 완성된 모습이 조금씩 다릅니다.

필라 소이왁스 | 컨테이너 소이왁스보다 융점(녹는 온도)이 높아서 플라스틱 몰드나 알루미늄, 실리콘 몰드의 벽면에서 수축이 잘됩니다. 그렇기 때문에 몰드에서 캔들을 빼내기 쉬우며 필라 캔들을 만들 때 사용합니다. 네이처를 제외한 골든, 에코소야 등의 제조사에서 만들어지며 매끈하고 수축이 잘 되는 장점이 있어 두 브랜드의 필라 소이왁스가 가장 대중적으로 사용됩니다.

참고 • 골든 필라왁스는 에코소야 필라왁스보다 벽면에서 떨어지는 수축현상이 적어 단독으로 사용할 때 몰드에서 빼내는 작업이 어려울 수 있습니다. 이럴 때는 비즈 왁스 정제(화이트)를 소량 섞어주면 몰드에서 쉽게 빼낼 수 있습니다.

주의 • 필라 소이왁스로 만든 필라 캔들은 태울 때 캔들이 연소되면서 캔들 벽면을 타고 촛농이 흘러내리므로 반드시 접시나 사기, 캔들 홀더 등을 받쳐서 사용하세요.

소이 왁스의 종류별 특징과 온도

왁스를 녹인 후 식혀서 향을 첨가해 만드는 캔들 제작 과정에서 가장 중요한 것은 '온도'입니다. 향을 첨가하는 온도에 따라 발향력이 좌우되기 때문에 '향 첨가 온도'를 정확히 지켜야 합니다. 그리고 왁스를 몰드나 용기에 붓는 온도에 따라 왁스가 굳은 후 표면이 깨끗한가의 여부가 결정되기 때문에 '붓는 온도' 또한 매우 중요합니다. 오른쪽 표에서 왁스의 종류에 따른 특징과 '녹는 온도', '향 첨가 온도', '붓는 온도'에 대해 알아보겠습니다.

소이 왁스의 특징과 캔들로 완성했을 때의 왁스 변화

재료명	네이처 왁스 (Nature Wax)	에코소야 왁스 (EcoSoya Wax)	골든 왁스 (Golden Wax)	필라 왁스 (Pilla Wax)
소이 왁스 종류				
외관	· 불투명한 아이보리 색상 · 만졌을 때 가볍고 부드러움	· 아이보리 색상 · 만졌을 때 부드러움	· 아이보리 색상보다 조금 탁한 크림색 · 만졌을 때 살짝 끈적이는 느낌	· 아이보리 색상 · 컨테이너 소이왁스보다 만졌을 때 더 단단함
녹는 온도	37.7℃	43.8℃	46~48℃	60℃
향 첨가율	· 왁스의 종류별로 다소 차이가 있지만 왁스 대비 최대 12%의 향 첨가를 권장함 · 첨가율 1. 프래그런스 오일(인공향)은 왁스 대비 5%(최대 5~7%) 2. 에센셜 오일은 왁스 대비 7%(최대 7~10%)			
향 첨가 온도	55~60℃	55~60℃	75~80℃	75~80℃
붓는 온도	50~55℃	50~55℃	65~70℃	70℃
완성 후의 모습				
특징	· 왁스가 굳은 후 표면이 균일하기 때문에 초보자가 작업하기에 가장 적합합니다. · 유리 밀착력이 약하여 캔들 완성 시 표면이 얼룩진 것처럼 떠 보입니다. · 그을음 없이 깨끗한 연소가 가능합니다.	· 마사지 캔들 제작 시 많이 이용되는 왁스이며 유리 밀착력이 다소 약해 표면이 얼룩진 것처럼 보일 수 있습니다. · 심지 주변이 균일하게 타지 않습니다. · 그을음 없이 깨끗한 연소가 가능합니다.	· 왁스가 굳은 후 윗면에 기포 발생, 갈라짐, 움푹 파임 등의 현상이 일어날 수 있습니다. 그러므로 반드시 열풍기로 녹이거나 이중붓기가 필요합니다. · 유리 밀착력이 가장 우수해서 표면 들뜸이 없습니다. · 발향력이 가장 뛰어나며 점성이 제일 높아 천천히 굳고 불꽃이 작습니다. · 그을음 없이 깨끗한 연소가 가능합니다.	· 몰드를 이용해 캔들을 완성할 때 사용합니다. · 왁스 수축으로 인해 몰드에서 탈형이 용이합니다. · 그을음 없이 연소가 가능합니다.

참고 • 왁스 표면을 매끄럽게 만드는 2가지 방법
왁스가 굳은 후에 용기 주변이 들뜨거나 왁스 위쪽에 기포, 갈라짐, 움푹 파임 현상 등이 일어나면 다음과 같이 열풍기로 녹이거나 이중붓기 등으로 왁스 표면을 매끄럽게 만들어주세요.

△ 열풍기로 캔들 윗면을 녹여 왁스 표면을 매끄럽게 만드는 모습

△ 굳은 왁스 표면에 소량(약 15g 정도)의 녹인 왁스를 다시 붓는(이중붓기) 모습

비즈 왁스

녹는점이 높고, 높은 점성을 가지고 있는 비즈 왁스는 꿀을 가열하여 불순물을 제거한 100% 천연밀랍으로 만듭니다. 그래서 가격이 다소 비싸지만 인공왁스보다 연소시간이 길고 그을림이 없으며 향을 따로 첨가하지 않아도 고유의 향기가 나는 비즈 왁스가 사랑받고 있습니다. 또한 세균을 막아주고 호흡기를 건강하게 만드는 데 도움을 주는 천연 항생제인 프로폴리스를 함유하고 있습니다. 연소될 때 몸에 좋은 이 프로폴리스 성분이 나오기 때문에 어린아이나 임산부도 안심하고 사용할 수 있습니다. 일반적으로 깊고 부드러운 노란색을 띠며 자연식으로 표백한 흰색 정제 비즈 왁스도 있습니다.

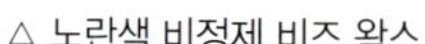

△ 노란색 비정제 비즈 왁스

△ 자연식으로 표백한 흰색의 정제 비즈 왁스

주의 • 비즈 왁스를 몰드에 붓는 온도가 권장 온도보다 높으면 표면이 갈라지거나 하얗게 변색될 수 있으므로 꼭 권장 온도를 지켜주세요.

팜 왁스

야자열매에서 추출해 만든 천연 식물성 왁스인 팜 왁스는 눈꽃결정, 얼음결정, 약한 결정 등 세 가지의 결정 모양으로 나뉩니다. 염료와 혼합해 사용하면 표면의 결정 모양과 함께 탁월한 색감을 표현할 수 있으며 매끈한 표면의 캔들을 완성할 수 있습니다.

팜 왁스는 녹는점이 71℃로 다소 높은 편인데 왁스를 붓는 온도를 달리해 주면 다양한 결정 모양의 캔들을 만들 수 있습니다. 표면에 결정 모양이 있는 일반적인 캔들을 만들 때 95~100℃의 온도에 맞춰서 몰드에 부어줘야 결정 모양이 선명하게 보입니다. 이때 플라스틱 몰드보다 알루미늄 몰드를 사용하면 더욱 큰 결정 모양을 만들 수 있습니다.

△ 녹이기 전의 팜 왁스 눈꽃결정

△ 눈꽃결정 모양의 팜 왁스로 완성한 팜 왁스 캔들

인공왁스의 종류와 특징

인공왁스란 석유를 정제하는 과정에서 나온 부산물인 파라핀 왁스와 미네랄 오일 그리고 폴리머(플라스틱 재료) 등의 인공적인 재료들로 만든 왁스를 말합니다. 캔들이 연소될 때 발향력이 강하며 천연왁스보다 더 단단합니다. 여기에서는 인공왁스 중 가장 많이 사용되는 파라핀 왁스와 젤 왁스에 대해 알아본 후, 69쪽에서 인공왁스 중 가장 활용도가 높은 젤 왁스 캔들을 만드는 방법을 소개하겠습니다.

파라핀 왁스

파라핀 왁스는 석유를 정제하는 과정에서 나온 부산물로 만든 인공왁스로서 반투명하고 딱딱한 형태를 지니고 있습니다. 녹는점이 낮은 파라핀부터 높은 파라핀까지 개인의 기호에 맞게 다양한 양초를 만들 수 있습니다. 천연왁스에 비해 양초의 수축 현상이 크며 여러 첨가제(스테아린산 등)를 혼합해 보완할 수 있습니다. 첨가제가 혼합된 파라핀을 시중에서 판매하고 있기 때문에 손쉽게 사용할 수도 있습니다.

1850년대, 파라핀 왁스가 만들어지기 전까지는 비즈 왁스나 자연산 왁스가 주로 사용됐지만 파라핀의 개발로 양초공예의 주원료가 파라핀으로 대체되면서 빠르게 대중화되었습니다. 하지만 최근 파라핀에서 유해한 물질이 나온다는 연구 결과가 발표되면서 소이 왁스나 비즈 왁스 같은 천연왁스의 선호도가 높아지고 있는 추세입니다.

◁ 파라핀

참고 • **양초의 수축 현상** 파라핀 왁스는 몰드나 용기에 부은 후 일정한 시간이 지나면 표면이 수축되기도 합니다.

젤 왁스

투명한 젤 왁스는 불투명한 파라핀 왁스와 혼합해 물결무늬, 맥주나 콜라 모양의 음료수 캔, 다양한 음식 모양의 양초 등을 만드는 데 활용됩니다. 젤 왁스는 파라핀 왁스에 비해 불꽃이 작고 연소시간이 길며, 녹는점이 훨씬 높습니다. 그리고 반드시 젤 겸용 심지와 향료를 사용해야 합니다. 그래야 왁스를 완성했을 때 뿌옇게 변하지 않습니다.

젤 왁스의 종류는 MP, HP, SHP가 있는데 형태가 유지되지 않아 용기에 부어서 물결 특유의 표현(어항, 음료 캔들 등)이 가능한 MP와 몰드에 부은 후 굳히면 형태가 유지되고 말랑한 캔들을 완성할 수 있는 HP, SHP를 구별해서 사용합니다.

◁ 젤 왁스

그 밖의 방향제 재료

발향 방법에는 캔들처럼 왁스와 심지를 연소해서 발향시키는 것과 석고 방향제, 디퓨저처럼 주재료에 향을 담아 자연 발향시키는 두 가지 방법이 있습니다. 지금부터 캔들을 제외한 방향제의 주재료에 대해서 알아보고 PART 1과 PART 3에서 이 방향제 재료들을 이용해 석고 타블렛, 디퓨저 등을 만드는 방법을 소개하겠습니다.

석고가루

석고 방향제의 주재료인 석고가루에 물과 가용화제, 향료를 넣어 굳혀주면 자연 발향되는 방향제를 만들 수 있습니다. 석고 방향제는 굳이 향료를 첨가하지 않아도 신발장이나 냉장고 등의 잡내 제거용으로 유용하게 사용할 수 있습니다. 그리고 발향의 수명이 다하면 소량의 향 오일이나 향수를 석고 방향제 겉면에 뿌려주면 다시 발향 효과를 낼 수 있습니다.

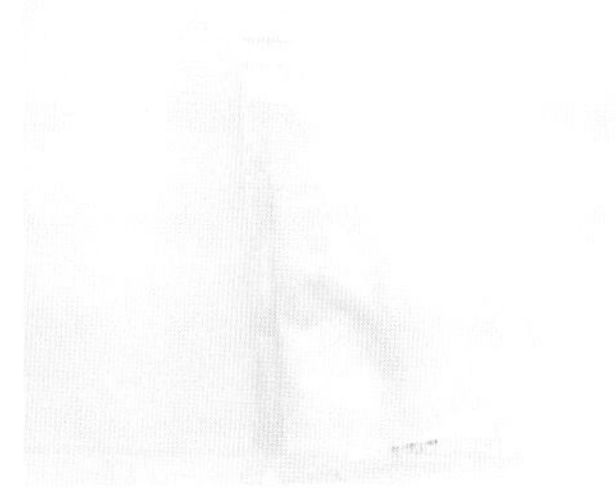

◁ 석고가루

참고 • **물과 향료(오일)는 잘 섞이지 않아 가용화제를 넣어 섞어줍니다.**

디퓨저 베이스

디퓨저 베이스는 방향제의 주재료로서 무수 에탄올과 정제수를 섞어 만듭니다. 디퓨저 베이스에 원하는 향료를 넣고 골고루 잘 섞은 용액을 유리 용기에 담은 후 스틱을 꽂아주면 스틱을 통해 발향됩니다. 디퓨저 베이스는 방산시장이나 온라인 캔들 숍에서 구입 가능합니다. 이곳에서 나무스틱, 석고스틱, 드라이플라워 스틱 등의 부자재도 다양하게 구입할 수 있습니다.

◁ 디퓨저 베이스

양초공예에 필요한 기본 재료와 도구

안심하고 사용할 수 있는 건강한 캔들을 만들 때 가장 중요한 것 중 하나가 바로 도구입니다. 다양한 디자인 캔들을 안전하게 만들기 위해 필요한 도구에 대해 알아보겠습니다.

핫플레이트

왁스를 녹일 때 적당한 속도와 온도로 사용할 수 있는 전열기구입니다. 온도 조절이 용이하고, 1구와 2구 두 가지 종류가 있으며 약불이나 중불에서 가열하는 것이 좋습니다.

참고 • 핫플레이트가 없을 경우에는 가스레인지로 대체할 수 있습니다. 가스레인지를 이용할 때는 중탕으로 왁스를 녹여 사용하면 됩니다. 단, 핫플레이트보다는 다소 천천히 녹을 수 있습니다.

주의 • 핫플레이트 데우는 단계(다이얼 1~5)가 4 이상이면 비커가 탈 수 있으니 3 이하로 사용하는 것을 권장합니다.

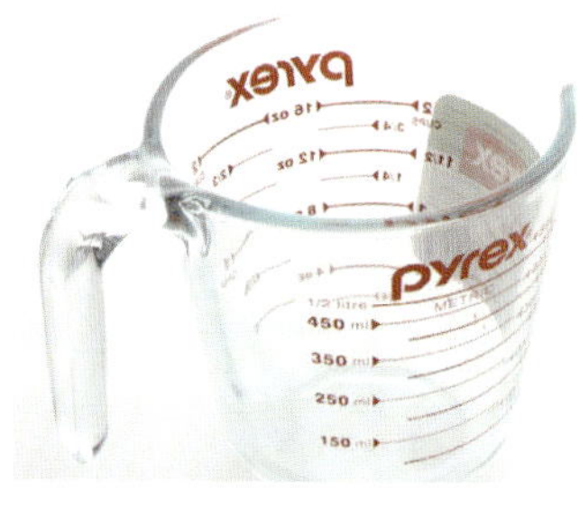

파이렉스 계량컵

왁스를 핫플레이트에 녹일 때 혹은 향과 오일을 섞을 때 주로 사용합니다. 고온에서 사용하면 계량컵이 파손될 수 있으니 주의하세요.

스테인리스 비커

고온의 왁스를 안정적으로 녹일 수 있는 도구로, 열전도율이 높아 파이렉스 계량컵보다 빠른 시간 내에 가열할 수 있습니다.

시약스푼

왁스나 향 오일을 계량한 후 저어줄 때 혹은 스푼으로 재료를 소량씩 계량할 때 사용합니다.

▽ 왼쪽부터 만년필형 온도계, 디지털형 온도계, 수은 온도계

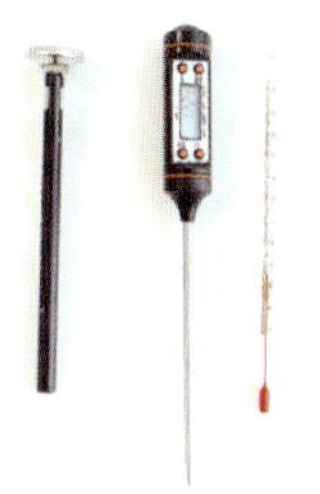

온도계

캔들을 만들 때 가장 중요한 요소인 온도를 계측하는 도구입니다. 만년필형, 디지털형, 수은 온도계 등 다양한 종류의 온도계가 있으니 편의에 따라 선택해 사용하면 됩니다. 이 중 유리로 만들어진 수은 온도계는 높은 온도에서 파손의 위험이 있으므로 좀 더 안전한 만년필형이나 디지털형 온도계를 추천합니다.

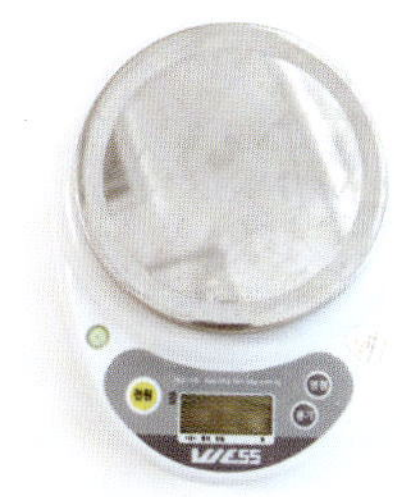

디지털 저울

왁스나 향 오일 등을 계량할 때 필요한 도구입니다. 1g 단위마다 디지털 형식으로 표시해 주기 때문에 편리합니다.

참고 • 바늘저울은 정확성이 떨어지기 때문에 추천하지 않습니다.

▽ 왼쪽부터 심지 고정대와 나무젓가락

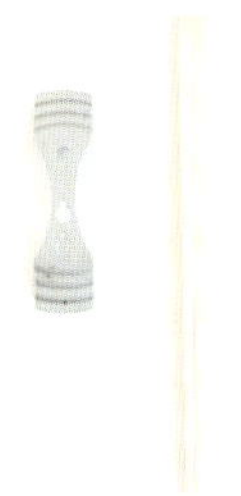

심지 고정대

컨테이너 용기나 몰드를 사용할 때 심지가 중앙에 잘 고정되도록 도와주는 도구입니다. 녹이나 파손을 방지하기 위해 스테인리스나 플라스틱 재질의 고정대를 사용하는 것이 좋습니다. 단, 심지 고정대를 분리할 때 힘이 가해져 왁스가 고르게 만들어지지 않을 수도 있습니다. 그래서 심지 고정대 대신 심지를 넣고 빼는 데 편리한 나무젓가락을 많이 사용하기도 합니다.

플라스틱 몰드

필라 캔들을 만들 때 사용하는 용기입니다. 투명하여 왁스가 굳는 정도를 손쉽게 확인할 수 있으며 굳은 양초를 꺼낸 후에도 표면이 매끄럽습니다. 단, 내구성이 약하여 깨지기 쉬우며 열에 약하다는 단점이 있습니다.

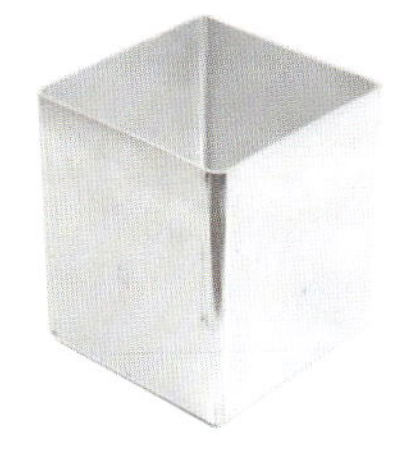

알루미늄 몰드

필라 캔들을 만들 때 사용하는 용기입니다. 크리스털 팜 왁스와 함께 만들 경우 결정 모양을 더욱 선명하게 표현할 수 있으며, 내구성이 높고 열에 강합니다.

참고 • 알루미늄 몰드는 플라스틱 몰드나 실리콘 몰드에 비해 굳은 왁스가 표면에 붙어 탈형이 다소 어렵습니다. 그래서 왁스를 붓기 전에 공업용 이형제를 뿌려 표면을 코팅한 후 사용하면 좋습니다. 또한 알루미늄 몰드는 열전도율이 높아 화상을 입을 수 있으니 각별히 주의해야 합니다.

실리콘 몰드

실리콘 몰드 하나만 있으면 다양한 모양의 캔들을 손쉽게 제작할 수 있습니다. 알루미늄이나 플라스틱 몰드보다 고가에 판매되지만 취향에 맞게 다양한 실리콘 몰드를 손쉽게 직접 만들 수 있습니다. 그러나 열에 약하다는 단점이 있습니다.

윅트리머(Wick Trimmer)

심지를 자를 때 사용하는 캔들 심지 전용 가위입니다.

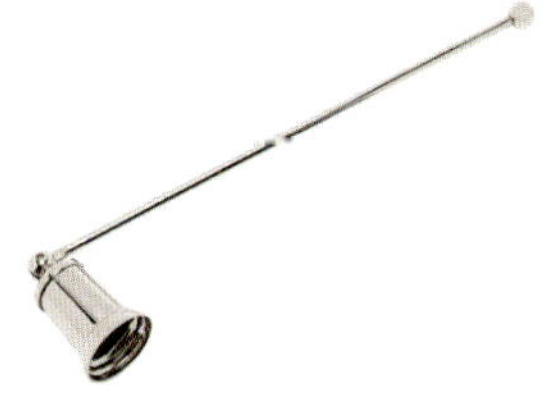

캔들 스너퍼(Candle Snuffer)

심지에 공기를 차단시켜 불을 끌 때 사용합니다.

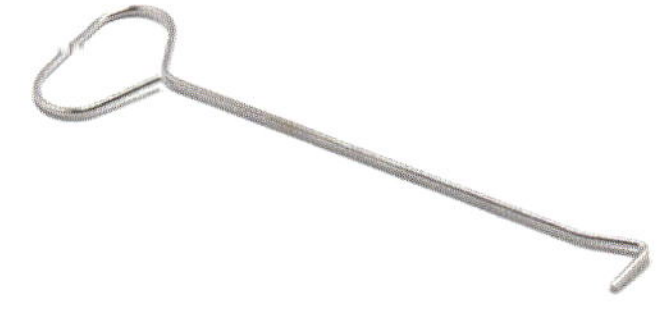

심지 디퍼(Wick Dipper)

촛농에 심지를 담가 촛불을 끄는 도구입니다. 불꽃이 꺼질 때 그을음이 거의 없습니다.

이형제

알루미늄 몰드나 일부 플라스틱 몰드에서 양초를 쉽게 꺼낼 수 있도록 코팅제 역할을 하는 스프레이 오일입니다. 몰드에 왁스를 붓기 전에 이형제를 뿌려 사용합니다.

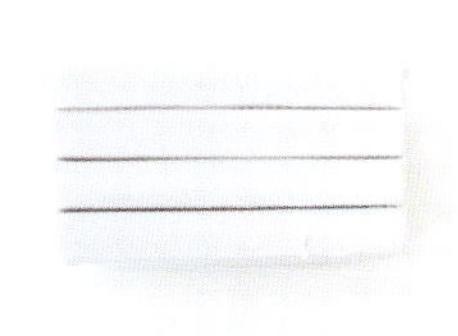

고체 접착제

왁스가 새지 않도록 필라 플라스틱 몰드나 알루미늄 몰드의 심지 넣는 구멍을 막는 용도로 사용합니다. 소량의 접착제를 뭉쳐서 구멍을 막아주면 됩니다. 굳지 않으므로 재사용이 가능합니다.

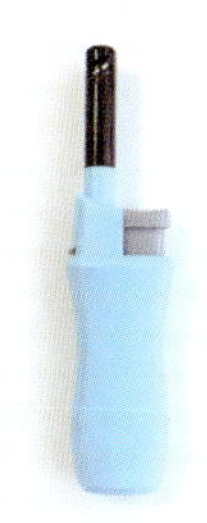

캔들 라이터

손이 잘 닿지 않는 양초의 안쪽 심지에 불을 붙이기 편리하게 만들어진, 가늘고 긴 형태의 캔들 전용 라이터입니다.

열풍기

공업용 히트 건(gun)입니다. 캔들의 표면을 녹이거나 캔들을 완성한 후에 몰드에 남아 있는 왁스 잔여물을 녹여 깨끗하게 세척할 수 있도록 도와줍니다.

종이컵

왁스와 오일을 섞을 때 사용하면 편리합니다.

계량스푼

향 오일을 정확하게 계량할 때 사용합니다.

양초에서 가장 중요한 심지 알아보기

심지는 반드시 양초의 종류와 지름, 높이 등을 고려해 선택해야 합니다. 심지의 종류에 따라 심지의 화력과 캔들의 전체 분위기가 달라지기 때문입니다. 양초의 지름을 생각하지 않고 너무 얇은 심지를 선택하면 심지가 태울 수 있는 지름을 미처 전부 태우지 못해 가운데만 타들어가는 터널링 현상이 생길 수 있습니다. 반대로 너무 굵은 심지를 선택했을 경우에는 왁스를 빨리 태우기 때문에 양초의 실제 수명만큼 제대로 사용하지 못하게 됩니다.

컨테이너 캔들은 캔들의 지름 사이즈에 맞춰 심지를 사용합니다. 필라 캔들은 컨테이너 캔들보다 한 단계 큰 사이즈의 심지를 사용해야 겉으로 무드 있게 흘러내리는 필라 캔들을 만들 수 있습니다. 특히 점성이 강하고 녹는점이 높은 비즈왁스 캔들이나 팜왁스 캔들의 경우에는 1~2단계 정도 큰 심지를 선택해야 캔들의 끝부분까지 모두 태워 사용할 수 있습니다.
지금부터 심지의 종류에 대해 간단히 알아보도록 하겠습니다.

면 심지(Cotton Wick)

천연 섬유로 만든 면 심지는 모든 왁스에 사용 가능합니다. 일반 면 심지와 면 심지에 왁스 코팅이 되어 있는 스모크리스 심지 등 두 종류가 있습니다. 왁스 코팅이 되어 있는 스모크리스 심지는 일반 면 심지에 비해서 그을음이 적게 발생하는 장점이 있습니다. 심지는 제조사마다 '00번' 또는 '00호'로 표시됩니다.

◁ 왼쪽부터 일반 면심지와 스모크리스 심지

아래 표를 참고하여 캔들 용기 사이즈에 맞는 심지를 구입하면 됩니다.

심지 호수	용기 지름	사용 용기
1호	지름 3~4cm 내외	티라이트 캔들용
2호	지름 5cm 내외	보티브 캔들용
3호	지름 7cm 내외	90ml 유리용기
4호	지름 8cm 내외	종이컵 지름용 200~220ml 유리용기
5호	지름 9cm 내외	250ml 유리용기

참고 • 면 심지를 스모크리스 심지처럼 코팅해 사용하고 싶을 경우에는 필라용 소이왁스나 비즈왁스를 60℃의 온도에서 녹인 다음 면 심지를 잠깐 담궈 코팅하고 바로 빼내어 상온에서 말려줍니다. 코팅된 심지에 심지 탭을 끼워 사용합니다. 보통 시중에서 판매되는 스모크리스 심지는 파라핀 코팅이 많으며 천연 스모크리스 심지는 위의 방법으로 직접 만들어 사용할 수 있습니다.

나무 심지(우드 심지, Wood Wick)

두 개의 나무가 합쳐져 중앙에 산소가 들어가면서 태워지는 형식의 우드 심지입니다. 면 심지보다 화력이 강해 발향력이 좋고, 타닥타닥 나무 타는 듯한 소리가 나서 가장 인기가 높습니다. 단, 나무 타는 냄새가 날 수 있으며 사용 후 심지 관리를 제대로 하지 않으면 재가 떨어져 불이 붙을 수 있으니 주의해야 합니다.

◁ 우드 심지

참고 • 나무 심지를 태우다 보면 왁스를 갈색으로 변화시켜 본래의 왁스 색깔이 달라질 수 있으니 나무 심지를 항상 0.3~0.5cm로 잘라 사용하세요.

아래 표를 참고하여 각각의 캔들 용기에 맞는 우드 심지를 구입하면 됩니다.

심지 크기	용기 지름	사용 용기
Small	지름 3~4cm 내외	티라이트 캔들용
Medium	지름 5~6cm 내외	보티브 캔들 90ml 유리용기
Large	지름 7~8cm 내외	보티브 캔들 지름 220ml 유리용기
X-Large	지름 9~10cm 내외	종이컵 250ml 유리용기

심지 탭과 심지 탭 스티커

면 심지나 우드 심지를 용기에 붙일 때 사용하는 심지 탭과 심지 탭 스티커를 알아보겠습니다.

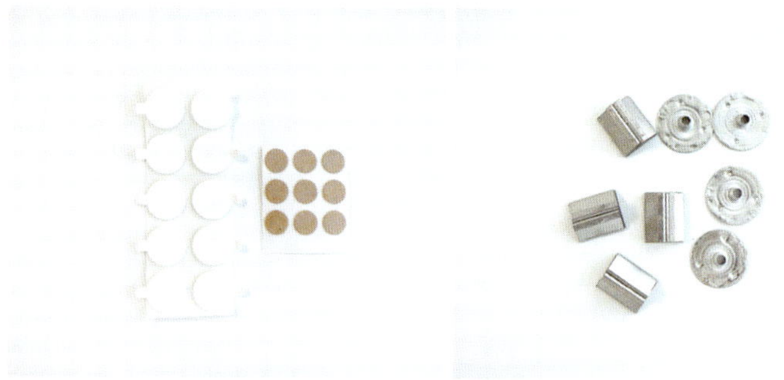

△ 심지 탭 스티커

△ 우드 심지용 심지 탭(좌)과 면 심지용 심지 탭(우)

심지 탭은 컨테이너 용기 중앙에 심지를 고정할 때 필요한 재료입니다. 면 심지용과 우드 심지를 고정하는 고정용 심지 탭 등 두 종류가 있습니다. 면 심지에 사용하는 심지 탭(우)과 우드 심지에 사용하는 심지 탭(좌)의 모양과 사이즈가 다릅니다. 사용할 심지를 반드시 미리 확인하여 크기에 맞는 심지 탭을 구매해야 합니다.

심지 탭 스티커는 컨테이너 용기 중앙에 심지 탭을 고정하기 위해 사용합니다. 심지 탭으로 단단히 고정시켜 주지 않으면 왁스의 높은 온도로 인해 심지와 심지 탭이 분리될 수 있으니 주의하세요.

염료의 종류와 특징

염료는 캔들에 다양한 색상을 내고 싶을 때 사용합니다. 염료의 종류와 사용 방법을 알아보고 여러 가지 색상의 캔들을 완성해 보세요.

고체염료

지용성 고농축 염료로서 소량만 사용해도 선명한 색을 표현할 수 있으며 색의 농도 조절이 용이하여 초보자들도 어렵지 않게 원하는 색을 만들 수 있습니다. 캔들에 색을 낼 때 녹인 왁스에 원하는 색상의 고체염료를 조금씩 넣어 골고루 잘 저어주면 됩니다. 고체염료는 블록 형태를 칼로 잘라서 조금씩 사용하는 염료와 잘게 자른 염료를 소량씩 포장해 놓은 것으로 나뉘어 있으니 편의에 따라 선택해 사용합니다.

주의

1 고체염료는 왁스 온도를 90℃ 이상에서 녹여줘야 알갱이가 남지 않습니다. 특히 붉은색 계열의 고체염료는 다른 염료에 비해 잘 녹지 않으므로 특별히 더 신경 써서 알갱이가 하나도 남지 않도록 녹여야 합니다.

2 고체색소를 왁스에 녹일 때 눈에 보이는 색보다 굳은 후의 왁스 색이 좀 더 연해집니다. 그러므로 종이나 작은 아크릴판에 왁스를 한두 방울 떨어뜨려 본 후 원하는 색상이 제대로 나왔는지 꼭 확인해야 합니다.

△ 소량씩 포장해 놓은 고체염료

△ 칼로 소량씩 잘라 사용할 수 있는 블록 형태의 고체염료

액체염료

왁스에 완전히 용해되는 지용성 염료입니다. 한두 방울의 미세한 양까지 조절하기 쉽고 50℃ 이하의 왁스에서도 잘 녹기 때문에 초보자들도 다루기 쉽습니다. 액체염료는 고체염료에 비해 아주 적은 양을 사용해도 굉장히 짙은 색을 만들 수 있습니다. 그러나 너무 적은 양을 사용하면 색이 쉽게 바랠 수 있으니 주의해야 합니다.

◁ 액체연료

주의

1 액체염료를 과하게 사용하면 실리콘 몰드에 색이 물들 수 있으니 소량씩만 사용하세요. 단, 소량의 염료를 넣기 때문에 저울로는 계량이 어렵습니다.

2 액체염료의 뚜껑을 열고 병째로 한 방울씩 사용합니다. 양의 조절이 어려울 때는 이쑤시개처럼 가느다란 도구로 소량의 액체염료를 콕 찍어서 사용하면 편합니다.

향료의 종류와 특징

향이 나는 캔들을 만들려면 캔들을 만들 때 왁스에 향료를 넣어줘야 합니다. 왁스를 녹인 상태에서 오일로 된 향료를 넣고 골고루 저어준 후 캔들을 완성하면 됩니다. 캔들을 태울 때 심지가 타면서 왁스를 녹일 때 넣었던 향이 왁스와 함께 발향됩니다.

지금부터 향료의 종류와 향료 사용 시 올바른 첨가 온도, 왁스의 종류에 따른 향료 사용법에 대해 간단히 알아보도록 하겠습니다.

◁ 왼쪽부터 프래그런스 오일, 아로마 에센셜 오일

캔들에 첨가되는 향료에는 에센셜 오일(천연향 오일, Essential Oil EO)과 프래그런스 오일(인공향 오일, Fragence Oil FO)이 있습니다. 이중 에센셜 오일은 향의 종류와 가격에 따라 아로마테라피 효과를 볼 수 있으며 추출하기 어려운 희소성 때문에 프래그런스 오일보다 높은 가격에 판매되고 있습니다.
높은 온도에서 향이 쉽게 날아갈 수 있으므로 캔들 제작 시 낮은 온도의 컨테이너 소이왁스(네이처 소이왁스 등)를 사용해야 최상의 발향력을 유지할 수 있습니다. 또한 왁스 대비 7~10%의 향료를 사용해야 은은하고 고급스러운 향기를 낼 수 있습니다. 왁스 대비 10% 이상 과한 향료가 들어갈 경우 향이 너무 짙어져서 오히려 불쾌한 향이 날 수 있을뿐더러 왁스를 가열할 때 윗면이 타는 등 그을음 현상이 일어날 수 있습니다.

프래그런스 오일은 여러 향을 조합해 만든 인공 향으로서 천연 오일보다 저렴하며 모든 왁스에 사용 가능합니다. 일반적으로 왁스 대비 5~10%의 향료를 사용할 것을 권장합니다. 동일한 이름의 오일이라도 제조사나 생산일에 따라 향의 차이가 날 수 있으니 반드시 향료의 발향력과 원하는 향이 맞는지 미리 확인 후 구입해야 합니다.
젤 왁스의 경우 낮은 온도에 사용해야 하는 아로마 에센셜 오일이나 휘발될 수 있는 일부 프래그런스 오일은 사용할 수 없으며 젤 겸용인 프래그런스 오일을 사용해야 합니다. 일반 향료를 사용했을 경우 젤 왁스가 뿌옇게 되는 현상이 일어날 수 있기 때문입니다.

밀랍플라워란?

끊어지지 않는 비즈 왁스의 점성을 이용해 생화와 흡사한 꽃을 만드는 플라워 공예를 말합니다. 비즈 왁스를 녹인 후 몰드에 얇게 왁스를 부어서 굳히고, 굳은 왁스를 제면기에 넣어 얇게 시트로 만든 후, 이것을 원하는 꽃잎 모양으로 재단해 한 잎 한 잎 붙여서 만드는 공예입니다.
과거에는 꽃 모양의 실리콘 몰드에 왁스를 부어 만든 꽃을 캔들 위에 올려 플라워 캔들을 만들었습니다. 하지만 몰드를 이용한 왁스 꽃으로는 디테일한 표현에 한계가 있었습니다. 최근에는 생화 같은 플라워 캔들을 원하는 사람들이 많아지면서 파라핀으로 한 잎 한 잎 꽃잎을 붙여 만드는 플라워 공예가 개발되었습니다. 이후에 인공왁스인 파라핀 대신 천연왁스인 비즈 왁스로 꽃을 만드는 공예가 급속도로 발전하면서 천연왁스를 이용해 생화와 흡사한 표현이 가능해졌습니다. 이렇게 천연왁스로 만든 꽃을 밀랍플라워 또는 비즈플라워라고 부릅니다.

앞에서 캔들을 만들기 위한 기초과정을 배웠다면 지금부터는 천연왁스로 생화와 흡사하게 표현하는 밀랍플라워 공예의 재료와 도구에 대해 알아보겠습니다. 그리고 밀랍플라워의 주재료인 비즈 왁스를 이용해 원하는 색상대로 컬러블록을 만든 후 이를 활용해 밀랍시트로 만드는 방법에 대해서도 알아봅니다.

용어 설명 • **컬러 블록** 타블렛 몰드에 컬러 왁스를 부은 후 굳혀서 제면기로 왁스를 밀어주기 전 단계의 블록 상태
밀랍시트 컬러 블록을 제면기에 넣어 얇게 펴준 왁스시트

밀랍플라워의 기본 재료와 도구

밀랍플라워를 만들기 위해 꼭 필요한 재료와 도구에 대해 알아보겠습니다.

비즈 왁스

비즈 왁스는 점성(끈적이는 정도)이 높아 밀대로 밀거나 기계 혹은 도구를 이용해 펴주면 부서지지 않게 모양을 유지시킬 수 있습니다.
표백 과정을 거쳐 정제된 화이트 비즈 왁스나 알갱이 형태의 비즈 왁스 비정제는 뭉쳐 있는 비정제 비즈 왁스보다 점성이 현저히 떨어져 부서지는 현상이 일어납니다. 그러므로 반드시 뭉쳐져 있는 비정제 비즈 왁스를 사용해야 합니다. 그래야 비즈 왁스의 점성으로 인해 부서지지 않고 밀랍시트를 평평하게 밀어 디테일하게 꽃잎을 표현할 수 있습니다.

◁ 뭉쳐 있는 비정제의 노란색 비즈 왁스

참고 • 천연왁스인 비즈 왁스 – 12쪽 참고

염료(고체염료 & 액체염료)

비정제의 노란색 비즈 왁스는 꿀 고유의 노란 색상을 띠고 있습니다. 이러한 비즈 왁스 고유의 노란색으로 인해 화이트나 핑크색 계열의 밝은 조색이 다소 어려울 수 있습니다. 이런 경우에는 녹인 비즈왁스 비정제에 원하는 색상의 염료와 화이트 색상의 염료를 일정량 섞어 조색하면 세련된 색상 표현이 가능합니다.

개인적으로 세련된 색 표현을 위해 한 가지 색상이 아닌 여러 색상으로 조색하기를 권합니다. 작은 아크릴판을 준비해 녹인 왁스에 염료를 넣어 조색한 후 아크릴판에 조금씩 떨어뜨려 왁스가 굳었을 때의 색상을 확인하면서 원하는 컬러 블록을 완성해 보세요. 조색한 녹인 왁스의 컬러보다 굳은 후의 색상이 조금 더 연해지므로 반드시 아크릴판에 조색한 왁스를 떨어뜨려 확인해봐야 합니다.

△ 고체염료

△ 액체염료

참고 • 염료의 종류와 특징 – 23쪽 참고

향료

비즈 왁스는 굳이 향 오일을 넣지 않아도 고유의 향을 지니고 있습니다. 녹는점이 높은 왁스여서 향료를 넣을 경우 에센셜 오일보다는 프래그런스 오일을 사용할 것을 추천합니다. 이때 향 오일을 너무 많이 넣으면 오일을 넣지 않을 때보다 점성이 더 떨어져 꽃잎 표현이 어려울 수 있습니다. 되도록이면 비즈 왁스 고유의 향으로만 밀랍시트를 완성할 것을 추천합니다.

참고 • 향료의 종류와 특징 – 25쪽 참고

양초공예의 기본 도구

16~19쪽을 참고해 핫플레이트, 저울, 스테인리스 비커, 온도계를 준비합니다.

타블렛 몰드

밀랍시트를 만들 때 사각 타블렛 몰드를 사용하면 원하는 사이즈의 블록을 손쉽게 완성할 수 있습니다. 그리고 몰드에 부은 비즈 왁스의 굳는 속도가 빨라 다양한 색상을 대량으로 만들 수도 있습니다. 뿐만 아니라 비즈 왁스가 몰드 안에서 수축이 잘되어 탈형이 용이합니다.

◁ 사각형의 왁스 타블렛 몰드

참고 • 제면기에 컬러 블록을 넣었을 때 가장 적당한 사이즈를 가늠하기 어렵다면 시중에 판매되는 사각형의 왁스 타블렛 몰드를 구입하여 사용하면 편리합니다.

제면기

왁스의 점성을 이용하여 컬러 블록을 밀어서 시트를 얇게 만들 때 사용합니다. 시트의 굵기를 조절할 수 있어서 다양한 굵기의 꽃잎 표현이 가능합니다. 제면기를 이용해 초보자들도 얇은 시트를 손쉽게 만들 수 있습니다.

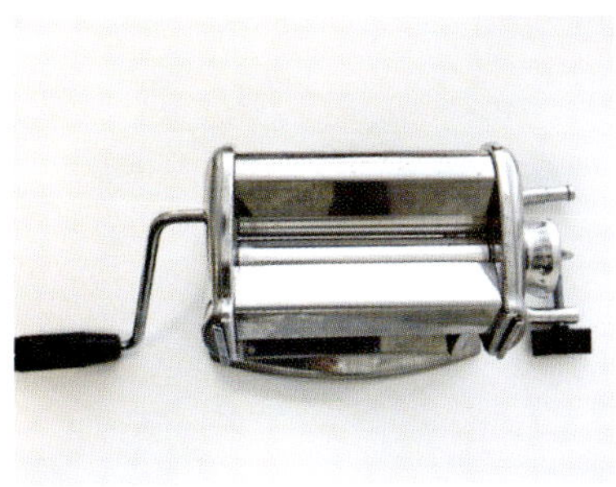

◁ 파스타 제면기

참고 • 클레이용 제면기나 파스타 제면기 중 저렴하고 편하게 사용할 수 있는 것을 구입해 사용하면 됩니다.

셀스틱 & 본툴 & 커팅 롤러

꽃잎의 프릴 또는 잎맥 모양을 만들 때 사용하는 도구들입니다. 슈가플라워 또는 클레이플라워에서 사용되는 도구로서 밀랍플라워에서도 유용하게 사용 가능합니다. 셀스틱과 본툴, 커팅 롤러를 이용해 다양한 꽃잎 모양을 만들 수 있습니다.

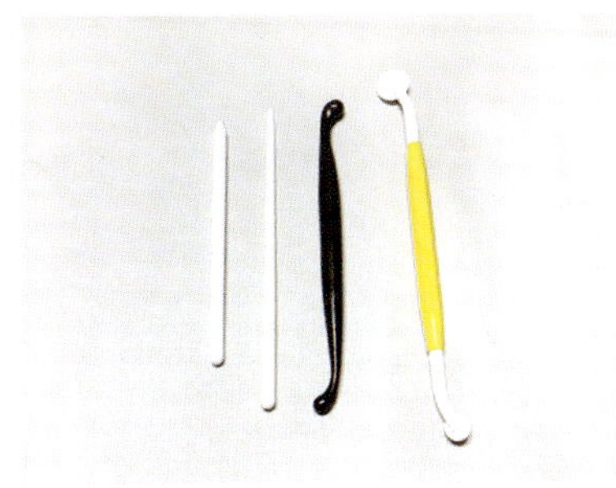

◁ 오른쪽부터 커팅 롤러, 본툴, 셀스틱

플라워 커터 & 베이너

커터는 플라스틱 또는 스테인리스 플라워 커터기가 있으며 밀랍시트에 꽃잎 모양을 찍을 때 사용합니다. 비슷한 꽃잎들은 한 가지 플라워 커터를 사용해도 무방합니다. 꽃잎 베이너는 잎맥 등의 모양을 표현할 때 사용합니다.

◁ 오른쪽부터 베이너, 다양한 플라워 커터

고배열 매트

제면기에 꽃잎을 넣고 펴줄 때 또는 꽃잎 끝을 펴줄 때 사용하는 도구입니다. 제면기에 왁스만 넣고 돌릴 경우 왁스가 제면기에 달라붙으므로 반드시 고배열 매트에 컬러 블록을 넣은 후 왁스를 펴주어야 합니다. 또한 고배열 매트 안에 꽃잎을 넣고 도구를 이용해 문질러 꽃잎 끝을 얇게 펴고 싶을 때도 사용합니다.

밀랍플라워 컬러 블록과 밀랍시트 만들기

컬러 블록이란?

녹인 비즈 왁스에 염료를 넣어 원하는 색상을 만든 후 타블렛 몰드에 왁스를 부어 그대로 굳힌 상태를 컬러 블록이라고 합니다. 이처럼 컬러 블록은 제면기에 넣어 얇게 펴기 편하도록 만들어 둔 비즈 왁스 블록을 말합니다.
밀랍플라워를 만들기에 앞서 왁스를 얇게 펴서 밀랍시트를 만들어야 합니다. 이 밀랍시트를 만드는 기초 작업으로 컬러 블록을 미리 만들어 놓으면 다양한 색상의 밀랍플라워를 만들 때 편리합니다.

밀랍시트란?

다양한 컬러의 블록을 하나씩 제면기에 넣고 여러 번 얇게 펴준 상태의 비즈 왁스 시트를 말합니다. 밀랍시트에 꽃잎 커터와 베이너를 이용해 꽃잎을 만들어 주고 서로 꽃잎을 붙여 밀랍플라워를 완성할 수 있습니다.

34쪽에서 컬러 블록을 만드는 과정과 컬러 블록을 이용해 얇은 밀랍시트를 만드는 과정을 간단히 알아보겠습니다.

컬러 블록 만들기

도구 준비

핫플레이트
비커
시약스푼 또는 젓는 도구
사각 타블렛 실리콘 몰드
온도계

재료 준비

비즈 왁스(노란색의 비정제 뭉쳐진 것) 40g
고체 혹은 (액체)염료

1 스테인리스 비커에 비즈 왁스(비정제) 40g을 핫플레이트에 올린 후 녹여줍니다.

2 1의 왁스가 녹으면 핫플레이트에서 내려놓은 후 녹인 왁스가 90℃가 되었을 때 고체(혹은 액체)염료를 넣고 골고루 잘 저어줍니다.

3 2의 왁스가 80℃가 되었을 때 타블렛 몰드 하나에 20g 정도씩 소분해서 부어줍니다.

참고 • 노란색을 띠는 비즈 왁스 비정제는 염료를 섞었을 때도 항상 노란색으로 조색된다는 사실을 염두에 두세요. 밝은 색을 표현하고 싶다면 화이트 염료를 3~6g 정도 넣고 조색해 주세요. 하지만 6g 이상의 화이트 염료를 넣을 경우엔 밀랍플라워 시트를 만들었을 때 투명도가 떨어져 혼탁한 느낌이 나니 주의하세요. 또한 염료를 너무 과하게 넣으면 꽃잎이 끈적이는 현상이 있을 수 있습니다.

4 완전히 굳으면 몰드 옆면을 벌리고 바닥 부분을 손으로 눌러서 탈형합니다.

밀랍시트 만들기

밀랍시트를 만들 때는 시트의 굵기가 가장 중요합니다. 꽃잎의 굵기에 따라 완성된 꽃잎의 모양이 달라질 수 있으니 제면기로 블록을 밀 때 특별히 유의하세요. 두꺼운 밀랍을 한 번에 얇게 만들기는 힘들고, 제면기 다이얼의 숫자를 변경하면서 여러 번 밀어 얇게 만들어줍니다.

도구 준비

제면기
고배열 매트
가위

재료 준비

컬러 블록

1

1-1

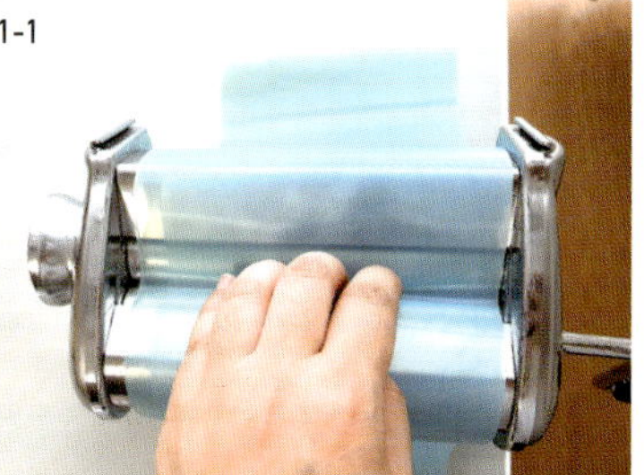

1-2

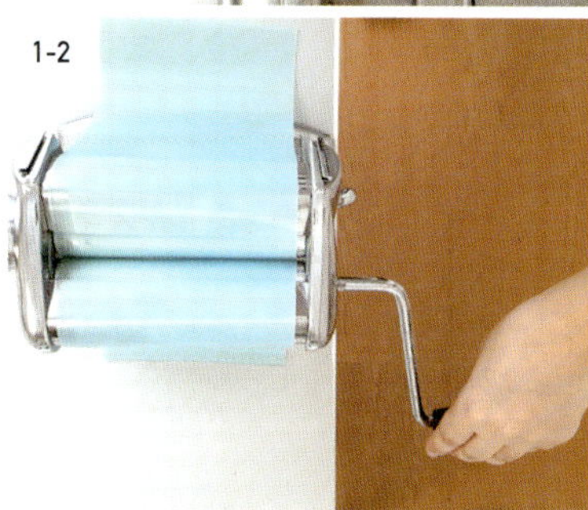

1 제면기 다이얼을 7에 고정시킵니다. 제면기 중앙에 고배열 매트를 넣은 후 손잡이를 잡고 고배열 매트가 제면기에 들어가도록 제면기 손잡이를 살짝 돌려줍니다.

참고 • 제면기의 다이얼 숫자가 낮을수록 밀랍시트를 얇게 밀 수 있습니다. 7에서 4까지의 숫자를 이용해 굵기를 조절하면서 사용하면 됩니다. 얇은 꽃잎의 밀랍시트는 7 → 6 → 5 → 5 → 4 순서로 밀어줍니다. 꽃잎을 더 얇게 만들고 싶을 때는 낮은 숫자에 놓고 여러 번 밀어주면 됩니다. 반대로 굵은 꽃잎을 원한다면 높은 숫자의 다이얼에서 밀어줍니다. 단, 너무 얇으면 꽃잎의 모양을 잡아줄 때 찢어질 수 있으니 주의하세요.

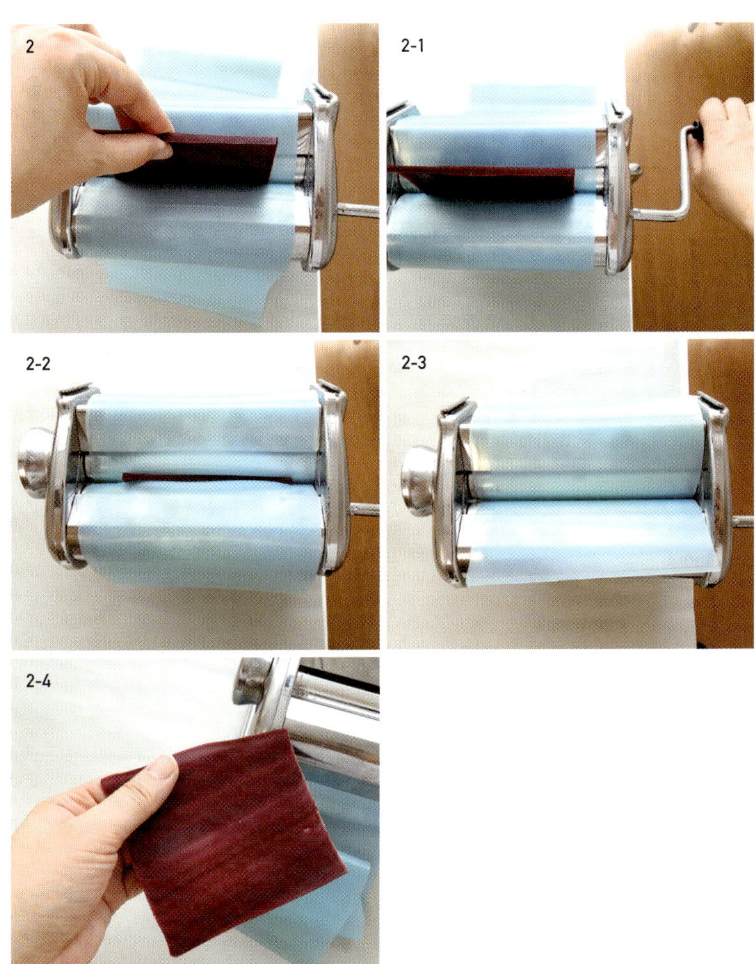

2 1의 제면기 가운데에 컬러 블록을 넣고 제면기 손잡이를 힘껏 돌려줍니다. 컬러 블록이 제면기 안으로 완전히 들어가도록 2~3번 돌려줍니다. 이때 고배열 매트가 완전히 밀려서 빠져 나올 때까지 손잡이를 힘껏 돌려주세요. 그리고 제면기에서 나온 밀랍시트를 다시 밀 수 있도록 잘 펴줍니다.

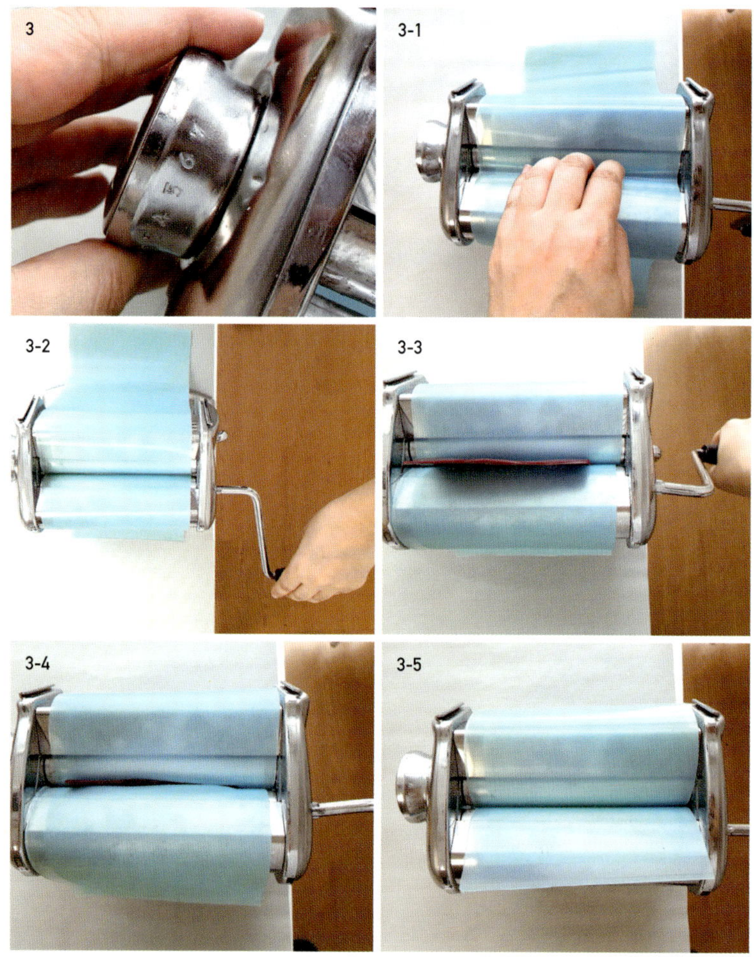

3 제면기 다이얼을 6에 고정해 놓습니다. 제면기의 가운데에 고배열 매트를 넣은 후 손잡이를 잡고 고배열 매트가 제면기에 들어가도록 제면기 손잡이를 살짝 돌려줍니다. 2의 밀랍시트를 다시 제면기 한가운데에 놓고 손잡이를 돌려 제면기에 들어가게 여러 번 돌려줍니다. 이때 고배열 매트가 완전히 빠져나올 수 있도록 손잡이를 힘껏 돌려주세요.

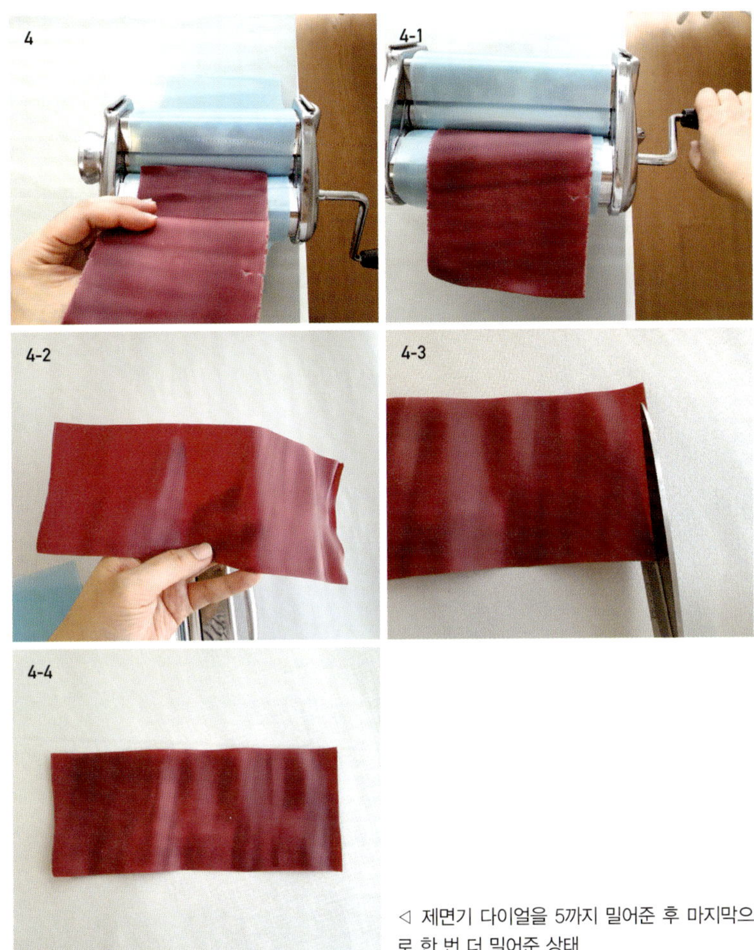

◁ 제면기 다이얼을 5까지 밀어준 후 마지막으로 한 번 더 밀어준 상태

4 3의 과정을 계속 반복하여 원하는 굵기의 밀랍시트를 완성합니다. 참고로 위 사진의 밀랍시트는 제면기 다이얼 7 → 6 → 5 → 5 순서로 밀어주었습니다. 원하는 굵기의 밀랍시트가 만들어졌으면 가위로 깔끔하게 옆선을 잘라 마무리해 줍니다.

참고 · 밀랍시트를 미리 완성해 놓으면 여러 밀랍플라워를 만들 때마다 편리하게 사용할 수 있습니다.

I

B E E S W A X F L O W E R

베이직 캔들과 석고 방향제 만들기

이번 장에서는 앞에서 배운 내용들을 토대로 왁스의 종류별로 캔들을 완성하는 과정을 좀 더 심도 있게 배워보도록 하겠습니다.
소이 왁스, 비즈 왁스, 팜 왁스 등의 천연왁스를 활용한 베이직 캔들, 인공왁스인 젤 왁스를 이용한 젤 캔들, 석고가루로 만든 고체 방향제인 석고 방향제 등을 만들어보겠습니다.
또한 몰드 꽃을 이용한 소이 캔들, 손안의 작은 바다를 보는 듯한 청량한 느낌의 투명한 젤 캔들, 드라이플라워로 장식한 화사하고 달달한 석고 방향제, 비즈 왁스의 색감을 이용해 리얼함을 살린 옥수수 캔들과 쿠키 캔들 등 다양한 캔들 만들기를 소개합니다.

1

몰드로 만드는 플라워 소이 캔들

왁스 플라워 캔들 중 가장 기본이 되는 소이 캔들을 다양한 플라워 몰드로 만들어보겠습니다. 컨테이너 캔들과 실리콘 몰드로 장미 꽃을 만들어 플라워 캔들을 완성해 보세요.

난이도 중 ／ **제작시간** 약 3시간

재료 준비

왁스 : 컨테이너용 소이 왁스(골든 464) 150g, 비즈 왁스(화이트 정제) 70g
향료 : 프래그런스 오일 10.5g(골든 왁스), 4.9g(비즈 왁스)(왁스 대비 약 7%)
6.5oz짜리 화이트 도자기 용기
스모크리스 심지
심지 탭 스티커
장미 모양의 실리콘 몰드
검은색 고체염료 소량
장식용 스티커

도구 준비

핫플레이트
비커
시약스푼(유리나 나무스틱 등으로 대체 가능)
전자저울
온도계
심지가위
심지 고정대
열풍기
심지꽂이
종이컵

| 컨테이너 캔들 만들기 |

1 비커에 소이왁스 150g을 계량합니다.

2 소이왁스를 핫플레이트에 올려 녹여줍니다.

참고 • 왁스가 전부 녹기 전에 작은 덩어리가 소량 남아 있을 때 내려주세요. 이때 남아 있는 왁스를 녹인 왁스의 온도에 맞춰 자연스럽게 저어서 마저 녹여주면 됩니다.

3 준비한 스모크리스 심지에 심지 스티커를 붙이고 컨테이너 용기 중앙에 꽂아 붙입니다. 심지가 바닥에 잘 붙었는지 살짝 당겨 확인한 후 심지 고정대의 중앙에 심지를 꽂아 단단하게 고정시켜 줍니다.

참고 • 심지가 용기의 정중앙에 오도록 심지 고정대의 가운데 구멍에 꽂은 후 심지를 단단하게 당겨주세요.

4 2를 비커나 종이컵에 담고 수시로 온도를 측정해 왁스의 온도가 75~80℃가 되었을 때 프래그런스 오일 10.5g을 넣고 잘 저어주세요.

5 왁스의 온도가 65~70℃가 되었을 때 3의 컨테이너 용기에 부어줍니다.

참고 • 왁스를 부은 후에는 절대로 용기를 움직이지 마세요. 용기를 움직이면 캔들 표면이 고르게 마르지 않고, 굳은 후 왁스가 깨지는 현상이 일어날 수 있습니다.

실리콘 몰드를 이용해 장미 캔들 만들기

6

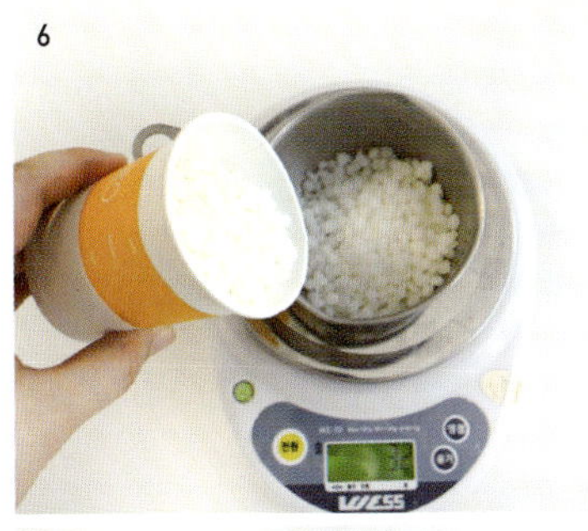

7

8

8-1

△ 8 고체염료 넣고 저어주기
◁ 8-1 프래그런스 오일 넣어주기

6 비커에 비즈 왁스(화이트 정제) 70g을 계량합니다.

7 비즈 왁스를 핫플레이트에 올려 녹여줍니다.

8 왁스가 녹으면 핫플레이트에서 내려 비커나 종이컵에 담아줍니다. 왁스의 온도가 90℃ 이하로 내려가기 전에 소량의 고체염료와 프래그런스 오일 4.9g을 넣고 골고루 잘 저어줍니다.

참고

1 고체염료는 왁스의 온도가 90℃ 이하로 내려가면 잘 녹지 않습니다. 염료가 녹지 않은 왁스를 몰드에 부을 경우 왁스보다 고체염료가 무겁기 때문에 염료가 바닥에 가라앉습니다. 그로 인해 몰드에서 빼낸 캔들 윗부분이 녹지 않은 염료로 얼룩질 수 있습니다.

2 연한 색상의 캔들을 만들 때는 염료를 소량씩 넣어가면서 원하는 색을 찾아야 합니다. 조금이라도 양이 많아지면 연한 색감 표현이 어렵습니다. 아크릴판이나 종이 위에 색을 넣은 왁스를 한 방울씩 떨어뜨려 색을 미리 확인하면 수월합니다.

3 염료가 들어가지 않은 굳은 상태의 왁스는 아이보리색이고 녹은 왁스는 노란색을 띕니다. 보통 캔들을 만들 때 녹아 있는 노란색 왁스에 색을 넣는데 굳은 다음에는 원래의 아이보리색의 영향으로 훨씬 더 색이 연해집니다.

9

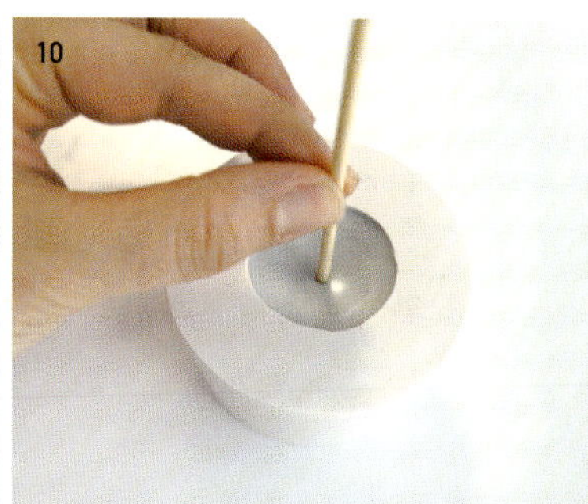
10

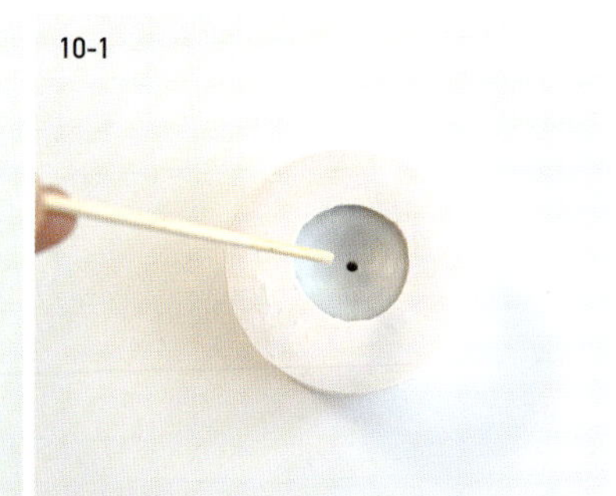
10-1

11

9 8번 과정의 왁스 온도가 80℃가 되면 장미 실리콘 몰드에 부어줍니다.

참고 • 이 책에서 사용한 장미 모양의 실리콘 몰드는 온오프라인 캔들 테라피 사이트에서 쉽게 구입 가능합니다.

10 9번 과정의 왁스가 1/3 정도 굳으면 심지꽂이를 몰드 중앙에 꽂아뒀다가 완전히 굳기 직전에 빼주세요.

참고 • 몰드에 부은 왁스 윗부분이 1/3 정도 굳으면 심지꽂이를 꽂습니다. 그래야 심지가 쓰러지지 않습니다. 그리고 심지를 빼지 않은 상태에서 살살 돌려본 후 안쪽의 왁스가 굳은 느낌이 날 때 심지꽂이를 빼줍니다. 이때 왁스가 완전히 굳은 후 심지꽂이가 왁스에 달라붙어 빠지지 않을 수 있으므로 주의하세요.

11 10번 과정의 왁스가 완전히 굳으면 몰드에서 장미를 탈형해줍니다.

참고 • 몰드를 뒤집어서 손으로 살살 밀어주면서 빼면 탈형이 수월합니다.

| 컨테이너 캔들에 장미꽃 장식하기 |

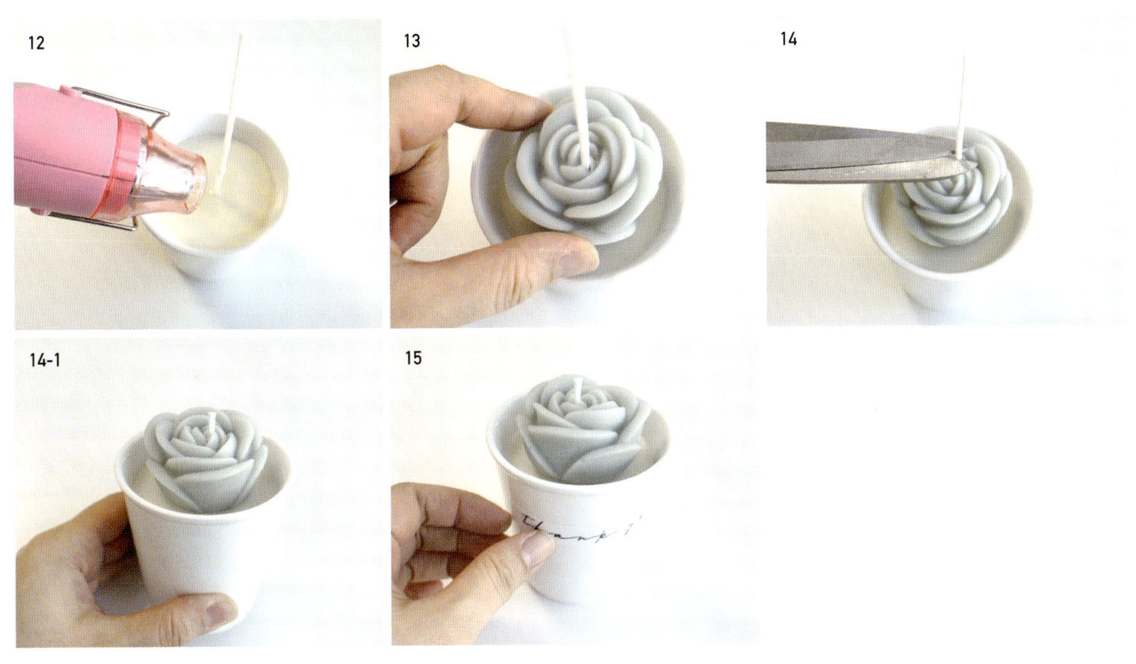

12 5에서 만들어 놓은 컨테이너 용기의 윗면을 열풍기로 살짝 녹입니다.

13 컨테이너 캔들 심지에 장미를 넣고 바닥에 잘 붙을 때까지 꾹 눌러줍니다.

참고 • 왁스가 완전히 굳기 전에 탈형한 장미를 재빨리 넣어 바닥에 고정시켜 줍니다.

14 심지가위로 심지를 0.3~0.5cm 정도 남기고 잘라줍니다.

15 장식용 스티커를 용기 중앙에 붙이고 마무리하여 완성합니다.

참고 • 장식용 스티커는 방산시장 또는 온라인 캔들 숍에서 구입 가능합니다.

BOUTIQUE DE FLEURS
Madeleine
RUE D'ALESIA PARIS

2

드라이플라워 소이 캔들

생화를 말린 드라이플라워나 약품 처리된 프리저브드플라워(preserved flower)를 이용해 드라이플라워 소이 캔들을 만드는 방법을 소개합니다. 각자의 취향에 맞는 꽃으로 다양하게 드라이플라워 캔들을 만들어 보세요. 단, 화재의 위험이 있으므로 초를 태울 때 드라이플라워가 심지 근처로 가까워지기 전에 걷어내주세요.

난이도 중 ／ **제작시간** 약 2시간 30분

재료 준비

왁스 : 컨테이너용 소이왁스(골든 464) 190g, 비즈 왁스(화이트 정제) 30g
향료 : 프래그런스 오일 13.3g(골든 왁스), 2.1g(비즈 왁스)(왁스 대비 약 7%)
7oz짜리 알루미늄 용기
스모크리스 심지
심지 탭 스티커
노란색 고체염료 소량
장식용 스티커
드라이플라워와 프리저브드플라워
오리 모양의 실리콘 몰드

도구 준비

핫플레이트
비커
시약스푼(유리나 나무스틱 등으로 대체 가능)
전자저울
온도계
심지가위
심지 고정대
열풍기
종이컵

컨테이너 캔들 만들기

1 스테인리스 비커에 컨테이너용 소이왁스 190g을 계량합니다.

2 소이왁스를 핫플레이트에 올려 녹여줍니다.

참고 • 왁스가 전부 녹기 전에 소량의 작은 덩어리가 남아 있을 때 내려주세요. 이때 남아 있는 왁스를 녹인 왁스의 온도에 맞춰서 자연스럽게 저어서 마저 녹여주면 됩니다.

3 준비한 스모크리스 심지에 심지 스티커를 붙이고 컨테이너 용기 중앙에 꽂아 붙입니다. 심지가 바닥에 잘 붙었는지 살짝 당겨 확인한 후 심지 고정대의 중앙에 심지를 꽂아 단단하게 고정시켜 줍니다.

참고 • 심지가 용기의 정중앙에 오도록 심지 고정대의 가운데 구멍에 꽂은 후 심지를 단단하게 당겨주세요.

4 2를 비커 또는 종이컵에 담아줍니다. 녹은 왁스의 온도가 75~80℃ 정도(온도계로 측정) 되면 프래그런스 오일 13.3g을 넣고 잘 저어줍니다.

5 4번 과정의 왁스 온도가 65~70℃ 되면 3에서 준비한 컨테이너 용기에 부어줍니다.

참고 • 왁스를 부은 후에는 용기를 절대로 움직이지 마세요. 용기를 움직이면 캔들 표면이 고르게 완성되지 않거나 굳은 후 왁스가 깨지는 현상이 일어날 수 있어요.

6 왁스 표면이 1/3 정도 굳기 시작하면 드라이플라워를 원하는 위치에 꽂아줍니다.

참고 • 왁스 표면이 하얗게 변하기 시작하면 1/3 정도 굳은 것입니다. 용기 맨 끝부분의 왁스가 하얗게 되기 시작할 때 가벼운 드라이플라워 하나를 떨어뜨려주세요. 그 위치에 잘 올려지면 나머지도 마저 올리세요. 만약 가라앉으면 조금 더 기다렸다가 한 번씩 확인한 후 다시 올려줍니다. 드라이플라워가 살짝 무게감이 있다면 완전히 굳기 전에 아이보리 색상의 왁스가 전체적으로 하얗게 되기 시작할 때 재빨리 왁스 위에 꽂아줍니다.

| 오리 모양의 필라 캔들 만들기 |

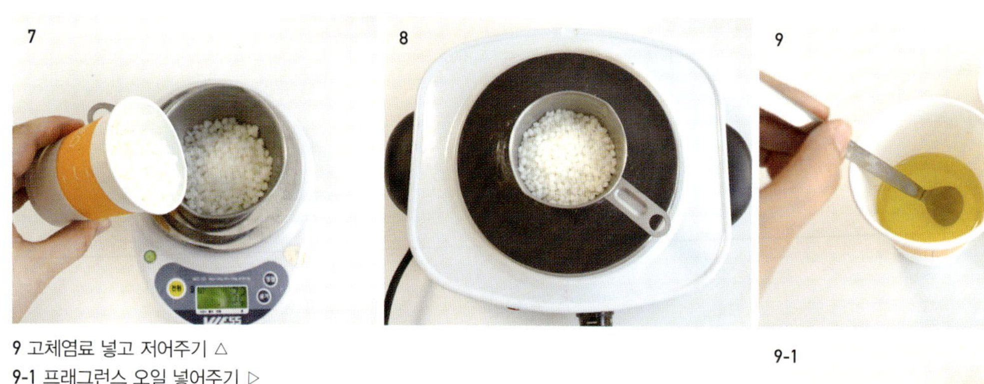

9 고체염료 넣고 저어주기 △
9-1 프래그런스 오일 넣어주기 ▷

7 스테인리스 비커에 비즈 왁스(화이트 정제) 30g을 계량합니다.

8 비즈 왁스를 핫플레이트에 올려 녹여줍니다.

참고 • 다양한 모양의 실리콘 몰드에 왁스를 부어 필라 캔들을 만들 때 필라 소이왁스와 비즈 왁스(정제 또는 비정제) 등을 선택하여 사용합니다.

참고 • **왁스의 종류와 특징**
비즈 왁스는 실리콘 몰드의 모양이 가늘거나 디테일해도 캔들을 부서트리지 않고 탈형할 수 있을 정도로 단단합니다. 게다가 필라 소이왁스보다 굳는 속도가 빠릅니다. 하지만 모든 몰드에 비즈 왁스를 사용하기에는 가격이 비싸다는 단점이 있습니다.
모양이 단순한 몰드나 쉽게 탈형이 가능한 몰드를 사용할 때는 비즈 왁스보다 조금 약한 필라 소이왁스를 이용해 만드는 것이 훨씬 경제적입니다. 조금 더 단단한 왁스를 원한다면 10을 기준으로 했을 때 필라 소이왁스 7, 비즈 왁스 3 정도의 비율로 섞어서 사용하면 됩니다. 혹여 왁스가 부러지기 쉬운 모양이라면 비즈 왁스를 100% 사용하고 특별히 더 조심스럽게 탈형해주세요.

9 녹인 왁스를 비커나 종이컵에 담아줍니다. 온도가 90℃가 되면 소량의 노란 색상의 고체염료를 넣은 후 프래그런스 오일 2.1g을 넣고 잘 저어주세요.

참고 • 고체염료 사용 시 주의할 점 – 23쪽 참고

10

11

10 9번 과정의 왁스 온도가 80℃가 되면 준비한 오리 모양의 실리콘 몰드에 부어줍니다.

참고 • 오리 모양의 실리콘 몰드 외에도 다양한 모형의 실리콘 몰드를 방산시장 또는 여러 온라인 캔들 숍에서 쉽게 구입하여 응용 가능합니다.

11 왁스가 완전히 굳으면 오리 몰드에서 탈형해줍니다.

| 컨테이너 캔들을 오리 모양의 캔들로 장식하기 |

12

13

14

14-1

12 6의 컨테이너 캔들 심지를 심지가위로 0.3~0.5cm 정도 남기고 잘라줍니다.

13 12의 캔들을 열풍기로 살짝 녹여줍니다.

14 원하는 위치에 오리 캔들을 올리고 잘 눌러서 고정시켜 줍니다.

참고 • 왁스가 완전히 굳기 전에 오리 캔들을 재빨리 넣어서 고정시켜 주세요.

주의 • 드라이플라워나 프리저브드플라워를 캔들에 사용할 경우 심지 근처에서 가장 먼 곳에 장식해줘야 꽃에 불이 붙지 않습니다. 드라이플라워를 태우는 용도가 아닌 장식용으로 심지 근처에 장식했다면 심지에 불을 붙이기 전에 심지와 가까운 플라워는 걷어낸 후 사용하세요. 심지에서 멀리 떨어진 곳에 플라워를 장식했다면 캔들을 태울 때 왁스가 녹으면서 플라워가 떨어져 나와 심지 쪽으로 이동하지 않도록 플라워를 걷어낸 후 사용하세요.

3

몰드로 만드는 기본 석고 방향제

태우지 않아도 향을 발산하는 석고 방향제는 계속해서 향을 리필해 반영구적으로 사용 가능합니다. 석고가루에 향 오일을 섞어 만드는데 향이 모두 발향되고 난 후에는 석고 위에 향이 나는 오일을 떨어뜨리거나 향수를 소량 뿌려 사용합니다. 다양한 모양의 몰드를 이용해 석고 방향제를 만든 후 이를 응용하여 예쁜 플라워 석고 방향제도 만들어보겠습니다.

난이도 하 / **제작시간** 약 1시간 / **발향기간** 약 1달

재료 준비

총 중량 240g
석고가루 159g
가용화제(올리브 리퀴드) 9g
정제수 54g
향료 : 프래그런스 오일 16.8g(석고 방향제 총 중량 대비 약 7%)
새 모양의 실리콘 몰드

도구 준비

고무 볼
전자저울
플라스틱 주걱
시약스푼(유리나 나무스틱 등으로 대체 가능)
종이컵

1 고무 볼에 석고가루 159g을 계량합니다.

2 종이컵에 프래그런스 오일 16.8g과 가용화제 9g을 계량하여 잘 저어줍니다.

참고 • 서로 잘 섞이지 않는 물과 향료(오일)는 가용화제를 넣으면 잘 섞입니다. 단, 석고가루와 물만 섞어 석고 방향제를 만드는 후 첨가 방식일 경우엔 가용화제를 생략할 수 있습니다.(후 첨가방식은 60쪽의 꽃화분 석고 방향제를 만들 때의 설명을 참고해 주세요.)

3 2에 정제수 54g을 넣고 시약스푼으로 잘 섞어줍니다.

참고 • 색을 첨가하고 싶다면 정제수에 석고 방향제 색소를 넣어줍니다.

참고 • **석고가루와 물을 섞는 비율**
석고가루에 물을 섞어 석고를 갤 때는 적당한 농도를 위해 물을 섞는 비율을 정확하게 지켜야 합니다. 석고가루를 100으로 놓고 봤을 때 물을 35~60 정도의 비율로 섞어주는 것이 좋습니다. 이때 한꺼번에 물(향료, 정제수, 올리브 리퀴드)을 넣지 말고 조금씩 첨가하면서 농도를 맞춰주세요.

4 1에 3을 넣고 알갱이가 하나도 남지 않을 때까지 잘 저어서 완전히 섞어주세요.

5

5-1

6

7

7-1

5 4를 새 모양의 실리콘 몰드에 1/3 정도 넣은 후 몰드를 바닥에 탁탁 쳐서 기포를 제거해줍니다.

참고 • 다양한 모양의 실리콘 몰드를 방산시장 또는 여러 온라인 캔들 숍에서 구입할 수 있어요.

참고 • 석고가루에 물과 가용화제, 향료를 섞을 때 발생하는 기포는 석고 방향제를 완성했을 때 기포구멍을 생성시킬 수 있습니다. 기포 없는 깨끗한 석고 방향제를 만들려면 다음의 두 가지 방법을 염두에 두세요.
첫 번째는 몰드에 석고를 1/3 정도만 부어준 후 바닥의 큰 기포가 없어지도록 탁탁 치는 작업을 여러 번 해서 나머지 기포가 올라오지 못하도록 하는 방법입니다. 두 번째는 석고를 붓기 전에 몰드에 미리 기포 방지제를 뿌리는 것입니다. 기포 방지제는 방산시장이나 온라인 캔들 숍에서 구입 가능합니다.

6 5번 과정의 나머지 석고도 전부 부은 후 몰드를 바닥에 탁탁 쳐서 기포를 제거하여 완전히 굳혀줍니다.

참고 • 석고 방향제의 크기에 따라 굳는 시간이 다르지만 보통 1시간 30분 정도면 완전히 굳습니다.

7 완전히 굳으면 몰드에서 석고 방향제를 탈형합니다.

참고 • 석고 방향제를 손으로 만져봐서 열기가 전혀 없을 때 탈형합니다. 몰드를 뒤집어서 손으로 살살 밀어주면 탈형이 용이합니다.

4

꽃화분 석고 방향제

꽃화분 석고 방향제의 꽃을 장식하는 데는 여러 방법이 있지만 이 책에서는 드라이플라워와 석고 플라워를 이용해 만들어보겠습니다. 향기로운 드라이플라워와 석고 플라워를 이용해 만들기 때문에 왁스의 발향 효과와 석고 방향제 특유의 방향제 효과를 동시에 얻을 수 있어 오래도록 좋은 향기가 유지됩니다. 보기에도 예뻐서 인테리어 소품으로도 좋고, 거실이나 화장실 등 특별한 향기를 적용하고 싶은 곳에 두어도 유용합니다. 석고 방향제의 발향이 모두 끝난 후에는 향수나 에센셜 오일을 떨어뜨려 반영구적으로 사용할 수도 있으니 이보다 더 경제적일 수 없습니다.

난이도 상 / **제작시간** 약 2시간 30분 / **발향기간** 약 2달

재료 준비

왁스 : 컨테이너용 소이왁스(골든 464) 150g
향료 : 프래그런스 오일 21g(골든 왁스)(왁스 대비 약 14%), 완성 후 꽃 석고 방향제에 떨어뜨릴 소량의 프래그런스 오일,
빈티지 유리용기
석고가루 40g
정제수 14g
장미 모양의 실리콘 몰드
드라이플라워나 프리저브드플라워
나무막대
노란색의 수채화 물감 소량

도구 준비

핫플레이트
비커
시약스푼(유리나 나무스틱 등으로 대체 가능)
전자저울
온도계
고무 볼
전자저울
나무막대
플라스틱 주걱

| 장미 석고 플라워 만들기 |

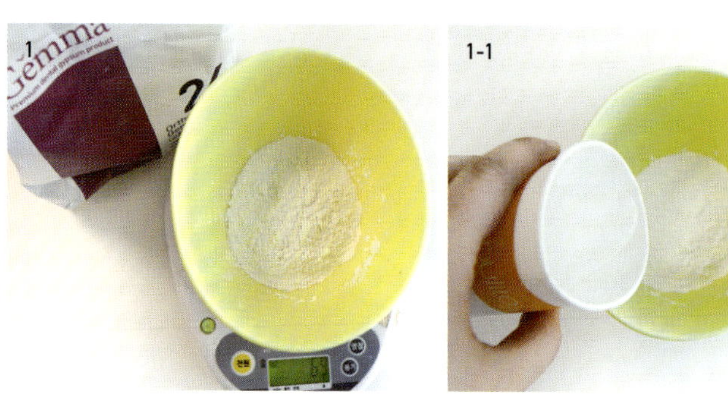

1 고무 볼에 석고가루 40g을 계량한 후 정제수 14g을 조금씩 넣어 살짝 질척일 정도로만 개워줍니다.

참고 • **향을 첨가하는 두 가지 방법**
석고가루에 향을 미리 넣어 만드는 선 첨가 방법과 석고가루와 정제수만 섞어서 석고 방향제를 만든 후, 향 오일이나 향수를 첨가하는 후 첨가 방법이 있는데 두 가지 모두 향이 사라진 후에 리필할 수 있습니다. 대부분은 선 첨가 방식을 사용하지만 석고 방향제에 마블 등의 기법을 넣을 때는 오일로 인해 색이 번질 우려가 있어 후 첨가 방식을 사용하기도 합니다.
후 첨가 방식의 정제수 비율은 석고가루 대비 30~35%가 적당합니다. 정확하게 정제수를 계량하여 사용해야 하고 살짝 흘러내릴 정도의 농도를 눈으로 확인하면서 정제수를 섞어줍니다.

2 1의 고무 볼 벽면에 노란색의 수채화 물감을 소량씩 짜서 조금씩 넣고 저어가며 색의 변화를 살펴봅니다.

참고 • 석고 방향제에 색을 넣을 때는 석고 전용 염료를 사용하거나 수채화 물감을 소량 사용할 수도 있습니다. 또한 색이 들어가 있는 석고가루도 시중에 판매되고 있습니다.

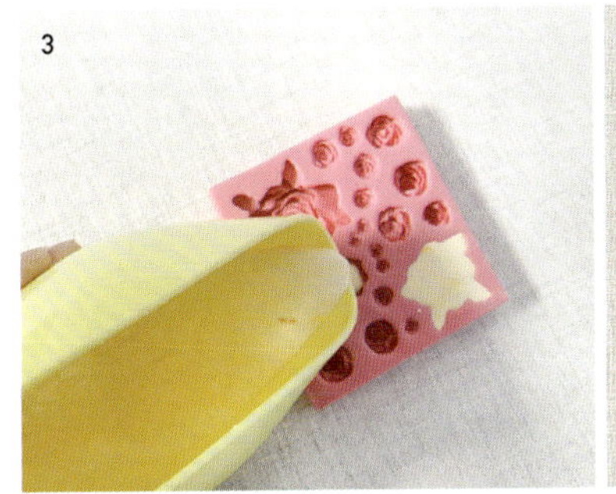

◁ **4-1** 탈형한 장미 석고 플라워

3 원하는 장미 실리콘 몰드에 만들어 놓은 2를 부어줍니다.

4 2/3 정도 굳으면 나무막대를 석고 장미 중앙에 꽂아줍니다. 완전히 굳으면 탈형해 나무막대가 달린 장미 석고 플라워를 완성합니다.

참고 • 장미 석고 뒤에 꽂는 나무막대는 드라이플라워의 굵은 나뭇가지를 잘라 사용하세요. 추후 컨테이너 캔들을 굳힐 때 꽂아주면 자연스럽게 실제 꽃화분 분위기를 낼 수 있습니다.

화분으로 사용할 컨테이너 캔들 만들기

5 비커에 컨테이너용 소이왁스(골든 왁스) 150g을 계량한 후 핫플레이트에 올려 왁스를 녹여줍니다.

참고 • 왁스가 전부 녹기 전에 소량의 작은 덩어리가 남아 있을 때 내려주세요. 이때 남아 있는 왁스를 녹인 왁스의 온도에 맞춰서 자연스럽게 저어서 마저 녹여주면 됩니다.

6 녹인 왁스를 비커 또는 종이컵에 담아 75~80℃가 되었을 때 프래그런스 오일 21g을 넣고 잘 저어줍니다.

참고 • 석고 방향제는 촛불을 켜서 태우는 용도로 만드는 것이 아니기 때문에 심지를 넣지 않습니다. 평소에 캔들을 만들 때 사용했던 오일의 양보다 2배 정도(왁스 대비 14% 정도) 더 넣어서 자연 발향시켜주세요.

7 6번 과정의 왁스 온도가 65~70℃가 되면 준비한 빈티지 유리용기에 부어줍니다.

꽃화분 장식하기

8 표면이 하얗게 되면 왁스가 2/3 정도 굳은 것입니다. 어느 정도 굳으면 4에서 만든 석고 플라워를 적당한 위치에 꽂아줍니다.

9 준비한 드라이플라워도 적당한 위치에 꽂은 후 완전히 굳혀서 완성합니다.

10 향료를 석고 플라워에 한 방울씩 떨어뜨려 향을 흡수시켜 줍니다.

참고 • 준비한 프래그런스 오일을 한 방울씩 떨어뜨려 원하는 양만큼 흡수시켜 주세요. 혹은 향수를 표면에 뿌려 사용해도 됩니다. 이 책에서는 향 오일을 떨어뜨리는 방식을 사용했습니다.

5

석고 타블렛 플라워

드라이플라워나 프리저브드플라워 꽃다발로 장식한 석고 타블렛 플라워는 왁스 타블렛과는 또 다른 매력의 방향제입니다. 왁스 타블렛은 발향이 끝나면 인테리어 플라워 소품으로 사용 가능하고, 석고 타블렛은 왁스 타블렛보다 발향 기간이 다소 짧지만 계속 향 오일 리필이 가능해 반영구적으로 사용할 수 있습니다.

난이도 중 / **제작시간** 약 1시간 30분 / **발향기간** 약 1달

재료 준비

석고 왁스 타블렛 35g
석고가루 23g
가용화제(올리브 리퀴드) 1g
정제수 9g
향료 : 프래그런스 오일 2g(석고 총 중량의 7%)

타블렛형 실리콘 몰드
드라이플라워 또는 프리저브드플라워
막끈
강력 접착제
검은색 수채화 물감 소량

도구 준비

고무 볼
전자저울
플라스틱 주걱

1 고무 볼에 석고가루 23g을 계량합니다.

2 종이컵에 프래그런스 오일 2g과 가용화제 1g, 정제수 9g을 계량한 후 잘 섞어줍니다.

3 1에 2를 넣고 알갱이가 없어질 때까지 주걱으로 잘 저어줍니다.

4 석고 물에 수채화 물감을 소량 넣고 마블이 생기도록 아주 살짝 저어줍니다.

참고 · 수채화 물감을 너무 많이 넣거나, 너무 많이 저어줘도 마블 표현이 제대로 안 될 수 있으니 소량만 사용해 살짝 저어주세요.

5 5-1 6 7 8 8-1

5 4를 실리콘 몰드에 천천히 부어줍니다. 이때 부으면서 몰드를 바닥에 톡톡 쳐서 기포를 없애줍니다.

참고 • 기포를 빼는 과정에서 마블이 번질 수 있으니 살짝만 쳐주세요.

6 석고가 완전히 굳은 후 몰드를 잡고 석고 타블렛을 위로 밀어 탈형해줍니다.

7 준비한 드라이플라워를 꽃다발 형식으로 만들어 노끈으로 묶어줍니다.

8 노끈에 순간접착제를 살짝만 묻혀 완성된 석고 타블렛에 붙여 마무리합니다.

참고 • 석고 타블렛 플라워는 두 가지 방법으로 완성할 수 있습니다. 첫 번째는 석고 타블렛을 만든 후 순간접착제나 글루건으로 꽃을 단단히 붙여주는 방법입니다. 두 번째는 석고 타블렛이 굳고 있을 때 꽃을 꽂아주는 방법입니다. 두 번째 방법은 석고가 굳는 타이밍이 맞지 않으면 꽃이 가라앉을 수 있기 때문에 이 책에서는 초보자들이 좀 더 실패 없이 만들 수 있는 첫 번째 방법으로 석고 방향제를 완성했습니다.

OLIVENSTORY

6

싱그러운 바다 느낌의 젤 캔들

투명한 젤 왁스를 사용하여 손안에 작은 바다가 있는 듯한 느낌의 젤 캔들을 완성해보세요. 젤 캔들을 태우면 투명한 왁스 안에 불빛이 비쳐서 은은한 분위기를 연출할 수 있습니다. 싱그러운 바다 느낌의 젤 캔들은 특히 여름에 잘 어울리는 인테리어 소품입니다. 젤 왁스에 푸른색을 첨가하면 시원한 여름 바다 느낌이 물씬 납니다.

난이도 중 ／ **제작시간** 약 2시간 30분

재료 준비

왁스 : 젤 왁스 150g
향료 : 프래그런스 오일 10.5g(왁스 대비 약 7%)
7oz짜리 뚜껑이 있는 유리용기
스모크리스 심지
심지 탭 스티커
파란색의 액체염료 소량
모래(2가지)
조개, 불가사리 등

도구 준비

핫플레이트
비커
시약스푼(유리나 나무스틱 등으로 대체 가능)
전자저울
온도계
심지가위
심지 고정대(나무젓가락)

캔들 용기에 조개장식 꾸미기

1 준비한 스모크리스 심지에 심지 스티커를 붙여줍니다. 심지 탭 스티커를 붙인 스모크리스 심지를 컨테이너 용기 중앙에 꽂아 고정시켜 줍니다.

참고 • 스모크리스 심지는 젤 왁스에 사용 가능한 심지를 구입해 사용합니다. 젤 겸용 심지를 사용하지 않으면 연소 시 심하게 그을음 현상이 생길 수 있습니다.

2 두 가지 모래를 번갈아 가며 유리용기에 넣어줍니다. 이때 모래의 높이를 살피면서 모래 색이 켜켜이 곱게 쌓이도록 부어줍니다. 모래 높이는 2~3cm 정도가 적당합니다.

3 준비한 조개와 불가사리 등을 2에 넣어줍니다.

4 심지 고정대로 사용할 나무젓가락 사이에 스모크리스 심지를 꽂아 심지를 단단히 고정시켜 줍니다. 이때 나무젓가락 사이의 심지가 헐거워지지 않도록 심지를 팽팽히 당겨 줍니다.

젤 왁스 준비하기

5 비커에 젤 왁스 150g을 계량합니다.

6 핫플레이트에 올려 젤 왁스를 녹여줍니다.

7 녹인 왁스를 핫플레이트에서 내린 후 온도가 95~100℃가 되면 프래그런스 오일 10.5g을 넣고 잘 저어줍니다.

◁△ 6 젤 왁스가 물처럼 녹은 상태

8 왁스의 온도가 90℃가 되면 용기에 1/2 정도 부어줍니다.

주의 · 젤 왁스는 높낮이를 달리해 용기에 부으면 왁스에 잔기포가 많이 생깁니다. 좀 더 자연스러운 기포의 바다 표현을 원한다면 용기에 부어주는 높낮이를 살짝 달리해 주세요.

참고 · 젤 왁스에 향 오일을 넣고 싶다면 젤 겸용 오일이나 젤 사용 가능한 향 오일 등 젤 왁스에 사용 가능한 향 오일을 사용합니다.

9 왁스가 1/3 정도 굳으면 2차로 부어줄 왁스를 준비합니다.

참고 · 유리용기 표면의 왁스가 굳으면 안쪽의 굳지 않은 왁스의 상태도 확인해 줍니다. 1차로 부은 젤 왁스가 완전히 굳기 전(부은 후 대략 10분 정도 굳은 후) 2차로 부을 젤 왁스를 준비합니다.

10 8번 과정에서 남은 1/2 분량의 왁스를 다시 핫플레이트에 올려 물처럼 될 때까지 녹여줍니다. 녹인 왁스를 핫플레이트에서 내리고 100℃가 되면 파란색의 액체염료를 젤 왁스에 소량 떨어뜨린 후 잘 저어줍니다.

11

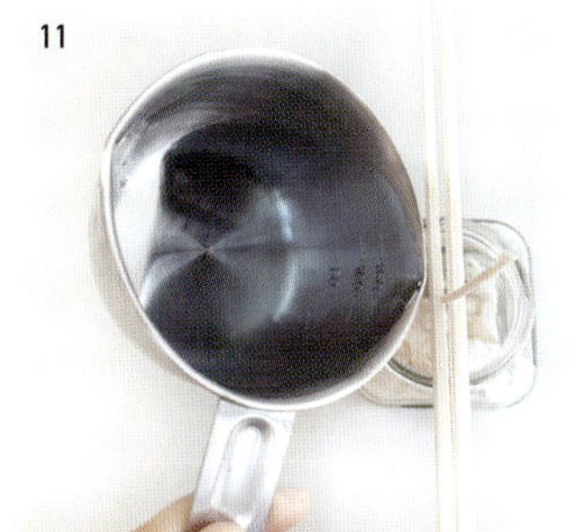

12

12-1

13

11 왁스의 온도가 95℃가 되면 유리용기에 부어줍니다.

주의 • 2차로 왁스를 부을 때 왁스 온도가 95℃ 이하로 내려가면 1차에 부어준 왁스와 분리되어 투톤 캔들이 될 수 있습니다. 1차와 2차로 부어준 왁스가 자연스럽게 섞이도록 2차에 붓는 왁스의 온도를 1차보다 높게 만들어 분리 현상이 일어나지 않게 해줍니다.

참고 • 액체염료는 조금만 사용해도 색이 진해지므로 한 방울씩만 넣거나 이쑤시개 등의 얇은 도구를 이용하여 소량씩 찍어 사용합니다. 젤 왁스에 액체염료를 너무 많이 첨가하면 용기 안쪽에 넣은 모래와 조개가 진한 젤 왁스 색상에 가려 잘 안 보일 수 있습니다.

12 왁스가 완전히 굳으면 심지 고정대(나무젓가락)를 빼주고 윅트리머로 심지를 0.3~0.5cm 잘라줍니다.

13 유리병의 뚜껑을 닫아 완성합니다.

참고 • 조개, 모래, 불가사리 등의 자연 소품은 온라인 캔들 숍 또는 고속터미널 조화시장에서 구입할 수 있습니다.

7

투톤
팜 왁스 캔들

야자열매에서 추출한 팜 왁스로 만든 필라 캔들은 적정 온도의 몰드에 왁스를 부어주기만 하면 표면에 여러 결정 모양이 생기는 신기한 캔들입니다. 오각형 모양의 플라스틱 몰드로 만든 투톤 팜 왁스 캔들을 위에서 내려다보면 반짝반짝한 별과 하늘하늘한 눈꽃결정 모양이 아주 화려합니다.

난이도 상 / **제작시간** 약 3시간

재료 준비

왁스 : 팜 왁스 눈꽃결정 120g
향료 : 프래그런스 오일 3.6g(왁스 대비 약 3%)
오각형 모양의 플라스틱 필라 몰드
코팅된 면 심지
검은색 액체염료 소량
고형 접착제

도구 준비

핫플레이트
비커
시약스푼(유리나 나무스틱 등으로 대체 가능)
전자저울
온도계
심지가위
심지 고정대(나무젓가락)

필라 몰드 준비하기

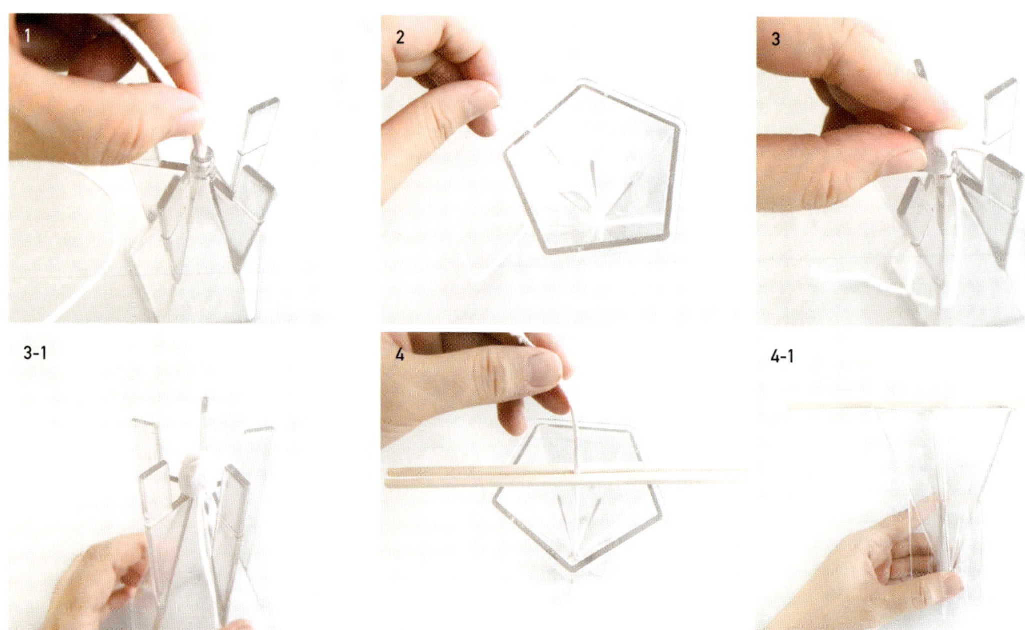
1 2 3
3-1 4 4-1

1 오각형 모양의 플라스틱 몰드 바닥부분을 뒤집어 작은 구멍에 코팅된 심지를 넣어줍니다.

2 몰드를 바로 세워 심지를 위로 빼줍니다.

3 몰드를 다시 바닥으로 뒤집어 심지가 들어가 있는 구멍을 고형 접착제로 잘 막아줍니다. 이때 심지를 타고 왁스가 새나올 수 있으므로 구멍을 단단히 막아야 합니다.

4 3번 과정의 몰드를 다시 뒤집어 심지 고정대나 나무젓가락으로 중심에 맞게 고정시켜 줍니다. 심지가 흔들리지 않도록 코팅된 면 심지를 당겨 심지 고정대를 꽂아줍니다.

팜 왁스 캔들 만들기

5 6 7 7-1 8 8-1

5 비커에 팜 왁스(눈꽃결정) 120g을 계량합니다.

6 왁스를 핫플레이트에 올려 녹여줍니다.

참고 • 왁스가 전부 녹기 전에 작은 덩어리가 소량 남아 있을 때 내려주세요. 이때 남아 있는 왁스를 녹인 왁스의 온도에 맞춰 자연스럽게 저어서 마저 녹여주면 됩니다.

7 6번 과정의 왁스 온도가 100℃가 되면 프래그런스 오일 3.6g을 넣고 잘 저어주세요.

8 왁스의 온도가 95℃가 되면 오각 플라스틱 몰드에 1차로 80g을 부어준 후 2차로 부어줄 20g을 남겨 놓습니다.

참고 • 캔들 색을 투톤으로 만들기 위해서는 120g을 계량해 1차로 80g을 부어주고 나머지에 색을 첨가하여 2차로 부어줍니다. 이때 2차를 붓는 시점은 1차에 부어준 왁스가 오각 몰드 벽을 타고 1/3 정도 굳어 가고 있는 게 육안으로도 확인 가능할 때입니다.

9 용기 벽면에 1/3 정도로 결정 모양이 생기면서 팜 왁스가 굳어 살짝 위로 부풀 것입니다. 그러면 2차로 부어줄 왁스를 핫플레이트에 올려 95~100℃ 사이의 온도가 될 때까지 데운 후 핫플레이트에서 내립니다. 그리고 검은색 액체염료를 소량만 타서 저어줍니다.

10 9번 과정의 왁스를 몰드에 부어줍니다.

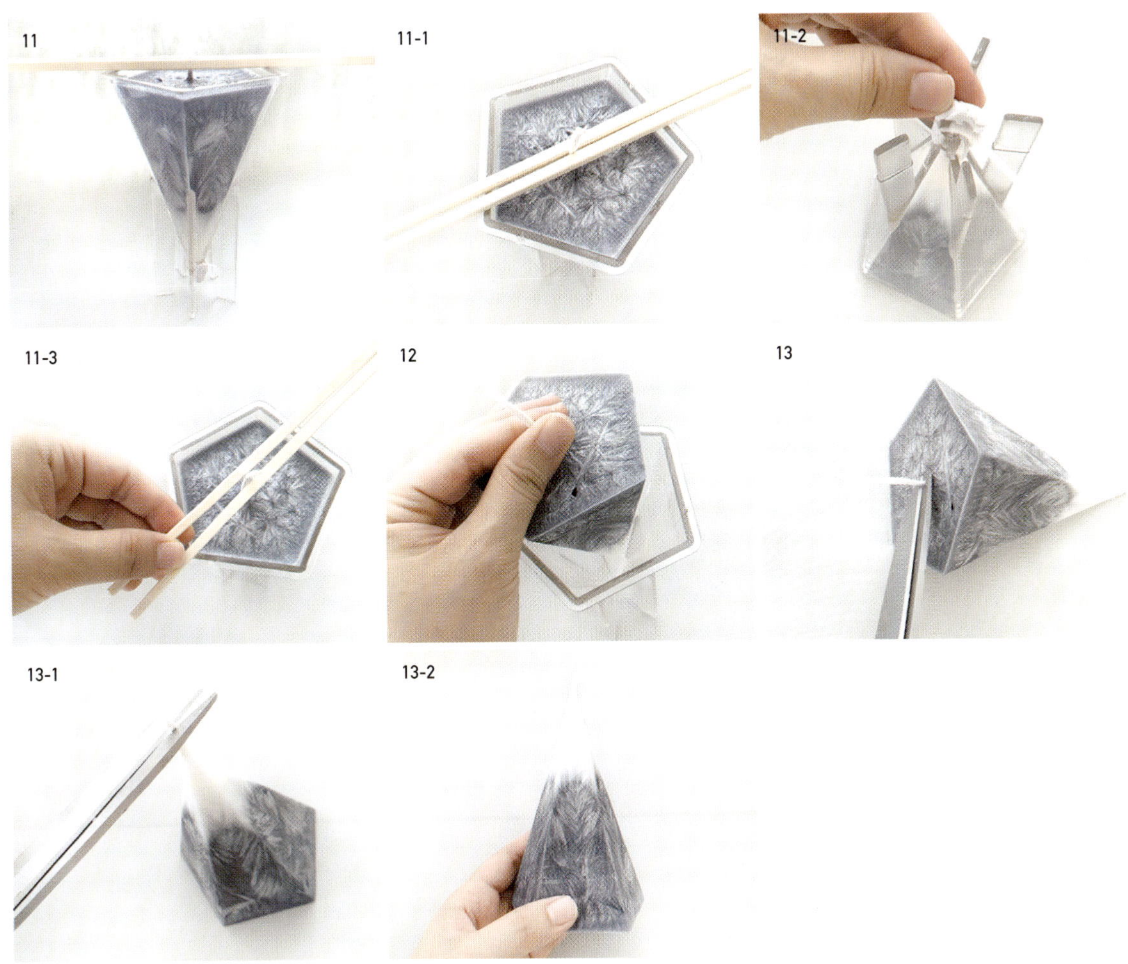

11 몰드에 부은 왁스가 완전히 굳으면 심지 고정대(나무젓가락)를 벌려 빼주고 고체 접착제도 제거해 줍니다.

12 심지를 잡고 팜 왁스 캔들을 오각 플라스틱 몰드에서 힘껏 빼냅니다.

13 몰드에서 빼낸 팜 왁스 캔들 바닥부분의 심지를 바짝 자르고 윗부분의 심지도 0.3~0.5cm 정도 남기고 잘라 완성합니다.

옥수수 캔들

옥수수 캔들은 가을에 특히 잘 어울리는 캔들입니다. 천연왁스 중 비즈 왁스 노란색 비정제를 사용하면 노란 옥수수 색상을 실제에 가깝게 표현할 수 있습니다. 생각보다 훨씬 쉽고 빨리 만들 수 있어 초보자들도 부담 없이 시도해볼 만한 캔들입니다.

난이도 하 / **제작시간** 약 2시간

재료 준비

왁스 : 비즈 왁스 노란색 비정제 70g
옥수수 모양의 실리콘 몰드
스모크리스 심지

도구 준비

핫플레이트
비커
시약스푼(유리나 나무스틱 등으로 대체 가능)
전자저울
온도계
심지가위
심지꽂이

1 비커에 비즈 왁스 노란색 비정제 70g을 계량하여 핫플레이트에 올려 왁스가 완전히 녹을 때까지 녹여줍니다.

2 왁스가 녹으면 핫플레이트에서 내린 후 80~90℃ 사이의 온도가 되면 옥수수 실리콘 몰드에 부어줍니다.

참고 • 비즈 왁스 노란색 비정제는 비즈 왁스 고유의 향이 있어 따로 향 오일을 넣지 않아도 됩니다.

3 옥수수 실리콘 몰드에 부은 왁스가 1/3 정도 굳으면 몰드 중앙에서 바닥까지 심지꽂이를 꽂아줍니다.

참고 • 몰드에 부은 왁스 윗부분의 표면이 눈으로 봤을 때 굳은 것처럼 보이면 실제로 왁스가 1/3 정도 굳은 것입니다. 이때 바닥까지 심지꽂이를 꽂아주지 않으면 왁스가 완전히 굳은 후 심지를 꽂을 심지구멍이 생기지 않으니 유의하세요.

4 왁스가 완전히 굳기 전 표면이 살짝 따뜻할 때 심지꽂이를 살살 돌려가며 몰드에서 빼줍니다.

5 몰드 표면과 윗부분의 왁스가 굳어서 차가워지면 속까지 완전히 굳은 것입니다. 왁스가 완전히 굳으면 몰드 바닥부분을 밀면서 윗면을 벌려 몰드에서 옥수수 캔들을 빼줍니다.

6 5의 옥수수 캔들 아랫부분의 스모크리스 심지를 심지구멍에 넣어줍니다. 이때 스모크리스 심지에 달려 있는 심지 탭이 바닥에 꽂히게 해줍니다.

7 7-1

7 옥수수 캔들에 넣은 심지를 심지가위로 0.3~0.5cm 정도 남기고 잘라 완성합니다.

참고 • 이 책에서 옥수수 캔들에 사용한 몰드는 개인적으로 직접 제작한 실리콘 몰드입니다. 방산시장이나 온라인 캔들 숍 또는 수제 실리콘 제작 사이트에서 다양한 옥수수 몰드를 구입할 수 있지만 이 책에서 사용한 것과는 다소 차이가 날 수 있습니다.

HANDMADE
CHOCOLATE
I always keep you in my mind
Thanks for coming to me

9

쿠키 캔들

캔들 공예는 캔들을 자신이 원하는 모양으로 자유롭게 구현할 수 있다는 매력이 있습니다. 지금부터 배울 쿠키 캔들은 실제 쿠키의 모양과 최대한 흡사하게 만들었습니다. 실사에 가까운 쿠키 캔들을 만들 때 가장 중요한 포인트는 바로 색상입니다. 몇 가지 포인트만 알면 실제 쿠키처럼 당장 먹고 싶은 생각이 들 정도로 맛난 향기와 비주얼을 간직한 캔들을 만들 수 있습니다.

난이도 중 ／ **제작시간** 약 3시간

재료 준비

왁스 : 필라용 소이왁스 총 175g(쿠키 1개당 35g씩 총 5개)
향료 : 프래그런스 오일 12g(왁스 대비 약 7%)
쿠키 모양의 실리콘 몰드
스모크리스 심지 1개
갈색과 검은색 액체염료 소량
장식용 스티커

도구 준비

핫플레이트
비커
시약스푼(유리나 나무스틱 등으로 대체 가능)
전자저울
온도계
심지가위
심지꽂이

필라 소이왁스로 쿠키 캔들 만들기

1 스테인리스 비커에 필라 소이왁스 175g을 계량합니다.

참고 • 쿠키 캔들은 5개의 쿠키를 만들어 심지에 순서대로 꽂아 만들 예정입니다. 왁스를 1개씩 따로 계량해 색을 첨가하면 쿠키 색이 모두 동일하게 나오기 어려우니, 왁스를 한꺼번에 녹여 염료를 첨가하고 실리콘 몰드에 부어줍니다. 색이 첨가된 나머지 왁스는 따로 남겨 놓았다가 캔들을 만들 때 다시 녹여 쿠키를 만들면 됩니다. 이 책에서는 2구짜리 실리콘 몰드를 이용해 2개씩 총 3번에 걸쳐 5개의 쿠키를 완성했습니다.

2 계량한 필라 소이왁스를 핫플레이트에 올려 녹여줍니다.

참고 • 왁스가 완전히 모두 녹기 전에 소량이 작은 덩어리로 남아 있을 때 내려주세요. 남아 있는 왁스는 녹인 왁스의 온도로 자연스럽게 저어서 녹여주면 됩니다.

3 필라 소이왁스가 녹으면 핫플레이트에서 비커를 내리고 갈색과 검은색의 액체염료를 조금씩 첨가하여 최대한 실제 쿠키 색상에 가깝게 만들면서 잘 저어줍니다.

참고 • 액체염료도 고체염료와 마찬가지로 왁스에 첨가한 후 잘 녹도록 저어 주어야 합니다. 작은 아크릴판이나 종이 위에 왁스를 한 방울씩 떨어뜨려 원하는 색이 제대로 나왔는지 확인해줍니다. 이때 눈에 보이는 색보다 굳은 후에 색이 조금 더 연해진다는 사실을 염두에 두세요.

4 3의 온도가 85℃가 되면 프래그런스 오일 12g을 넣고 잘 저어줍니다.

5 4의 온도가 70℃가 되면 쿠키 실리콘 몰드에 가득 부어줍니다.

6 실리콘 몰드에 부은 왁스가 1/3 정도 굳으면 왁스 중앙에서 바닥까지 심지꽂이를 일자로 꽂아줍니다.

7 6번 과정의 왁스 바닥과 굳은 왁스 표면에 살짝 온기가 남아 있을 때 심지꽂이를 빼줍니다. 속까지 완전히 굳은 후에는 심지꽂이가 왁스에 달라붙어 빠지지 않을 수 있으니 완전히 굳기 직전에 빼주세요.

8 완전히 굳어서 몰드 바닥과 왁스가 다 식으면 실리콘 몰드에서 쿠키 캔들을 빼내 줍니다. 쿠키 캔들처럼 얇은 몰드는 옆을 벌려서 바닥을 눌러주면 쉽게 빼낼 수 있습니다. 1~8번 과정을 반복하여 총 5개의 쿠키 캔들을 만듭니다.

쿠키 캔들 완성하기

9 심지 탭 스티커를 스모크리스 심지 탭에 붙이고 컨테이너 유리용기의 바닥 가운데에 움직이지 않도록 붙여줍니다.

10 8번 과정에서 만든 쿠키 캔들의 심지구멍에 심지를 넣으면서 하나씩 쌓아줍니다.

11 심지를 심지가위로 0.3~0.5cm 정도 남기고 잘라줍니다.

12 초콜릿 장식용 스티커를 용기 중앙에 예쁘게 붙여줍니다.

참고 • 다양한 디저트나 과자 모양의 몰드는 방산시장이나 온라인 캔들 숍에서 구입할 수 있습니다. 이 책에서 사용한 쿠키 몰드는 개인적으로 직접 제작한 것이라 시판용과는 모양이 다소 다를 수 있습니다. 초콜릿 장식용 스티커는 선물 포장 전문 숍 '인디고(www.indigo.co.kr)'에서 구입하여 사용했습니다.

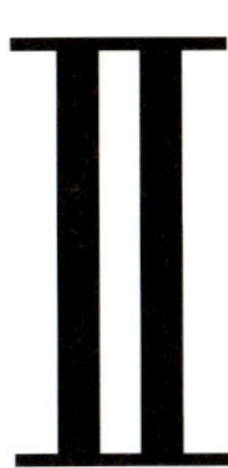

B E E S W A X F L O W E R

생화보다 더 생화같은 밀랍플라워 만들기

이번 장에서는 천연왁스인 비즈 왁스를 이용하여 최대한 생화와 흡사한 밀랍플라워를 만들어 보겠습니다.

앞에서 배운 비즈 왁스의 종류와 특징, 밀랍플라워를 만들기 위한 컬러 블록과 밀랍시트 만들기의 기초를 바탕으로 지금부터 실제 생화와 흡사한 밀랍플라워를 만드는 과정을 알아보겠습니다.

1

미니장미 밀랍플라워 만들기

장미는 플라워 공예에서 가장 기본이 되는 꽃입니다. 꽃잎을 서로 붙이는 과정을 익히고 싶을 때 그리고 모든 꽃의 기본 구조를 이해하고 싶을 때 공부하기 좋은 꽃이 장미입니다. 이번 장에서는 이렇게 모든 플라워 공예의 기초가 되는 장미를 밀랍으로 만들어 보고, PART 3에서는 밀랍 미니장미를 이용해 미니장미 캔들을 만들어 보도록 하겠습니다.

난이도 하 ／ **제작시간** 약 2시간 30분

재료 준비

분홍색 & 초록색의 밀랍시트

도구 준비

장미 커터(no.2)
꽃받침 커터(no.1)
꽃잎을 만드는 도구(셀스틱)
장미 꽃잎 모양의 베이너
꽃 철사

참고 • 장미 커터(no.2)는 5가지의 플라스틱 장미커터 중 지름 약 2.2cm 정도의 두 번째 장미커터로서 미니장미를 만들 때 용이합니다. 꽃받침 커터(no.1)는 플라스틱 꽃받침 커터 5가지 중 지름 2cm 정도의 첫 번째 꽃받침 커터입니다.

장미 꽃잎 만들기

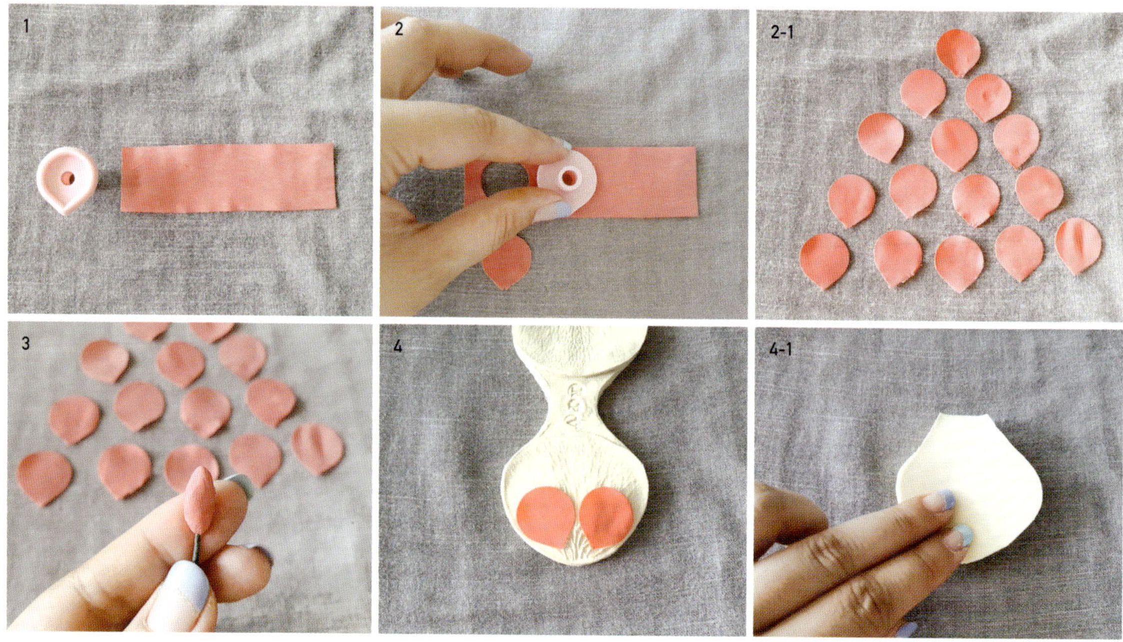

△ **2** 장미 커터를 이용해 장미 꽃잎을 찍어내는 모습 / **2-1** 밀랍시트와 장미 커터를 이용해 만든 15장의 장미 꽃잎

1 개인의 취향에 맞는 색상의 밀랍시트와 장미 커터 no.2를 준비합니다. 이 책에서는 분홍색 밀랍시트를 사용했습니다.

2 밀랍시트 위에 장미 커터를 올려놓고 힘을 주어 커팅하면 사진과 같은 장미 꽃잎이 만들어집니다. 이와 같은 방법으로 꽃잎 10장을 만듭니다.

3 커팅하고 남은 밀랍시트는 손바닥의 열기로 작게 뭉쳐 조그마한 물방울 모양으로 만든 후 사진처럼 중앙에 철사를 꽂아 꽃봉오리를 만들어 줍니다.

4 장미 꽃잎 베이너의 잎맥 부분에 꽃잎 2장을 올리고 반으로 접은 후 손가락으로 세게 눌러줍니다.

용어설명 • **베이너** 꽃잎의 잎맥을 만드는 도구. 각각의 꽃마다 지닌 다양한 결을 표현해주는 베이너를 선택해 사용하면 됩니다. 32쪽 참고

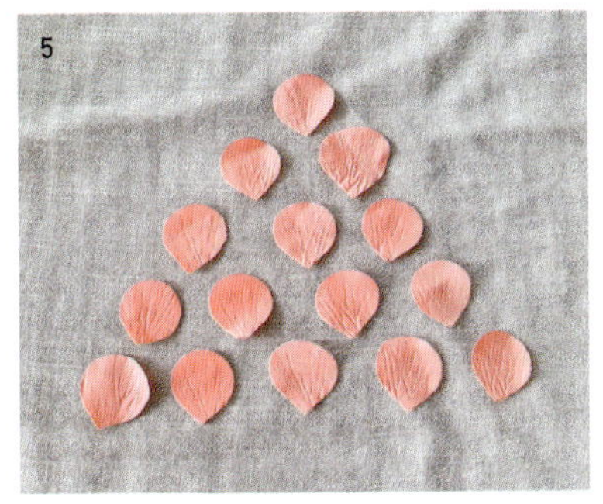

5 2번 과정에서 만든 장미 꽃잎 15장을 모두 베이너로 눌러줍니다.

참고 • 옆의 사진은 제일 윗부분부터 순서대로 붙일 꽃잎을 배열한 모양입니다. 제일 먼저 1개의 잎으로 봉오리를 만들고 2개, 3개, 4개, 5개의 순서대로 꽃잎을 붙이면서 장미꽃을 만들 예정입니다.

| 꽃봉오리와 두 번째 꽃잎 만들기 |

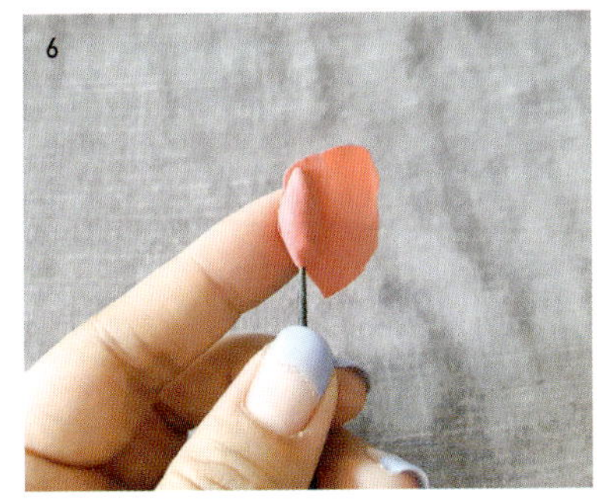

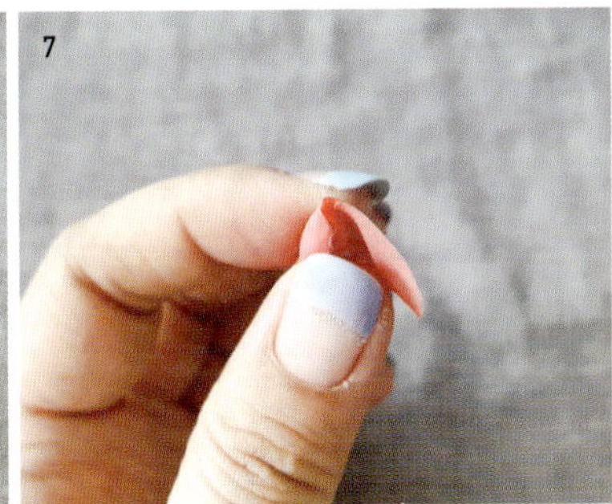

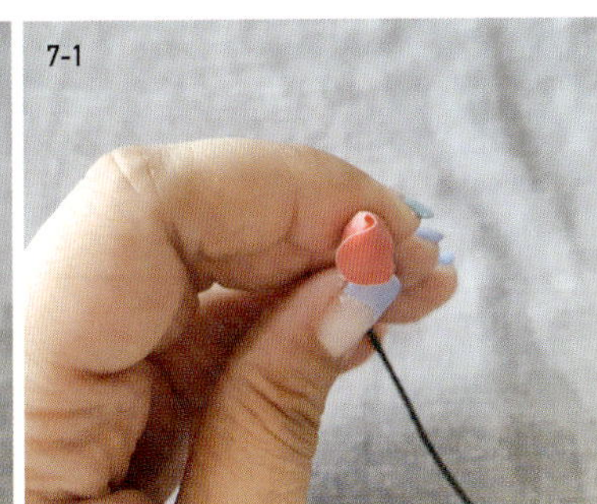

6 사진처럼 봉오리 끝부분을 꽃잎의 왼쪽 가장자리에 맞춘 후 살짝 눌러서 위치를 고정시켜 줍니다.

7 꽃잎을 조금씩 당기면서 봉오리를 감싸듯 둥글게 둘러줍니다.

참고 • 꽃잎의 윗부분을 좁게 만들어 봉오리가 보이지 않게 해주세요.

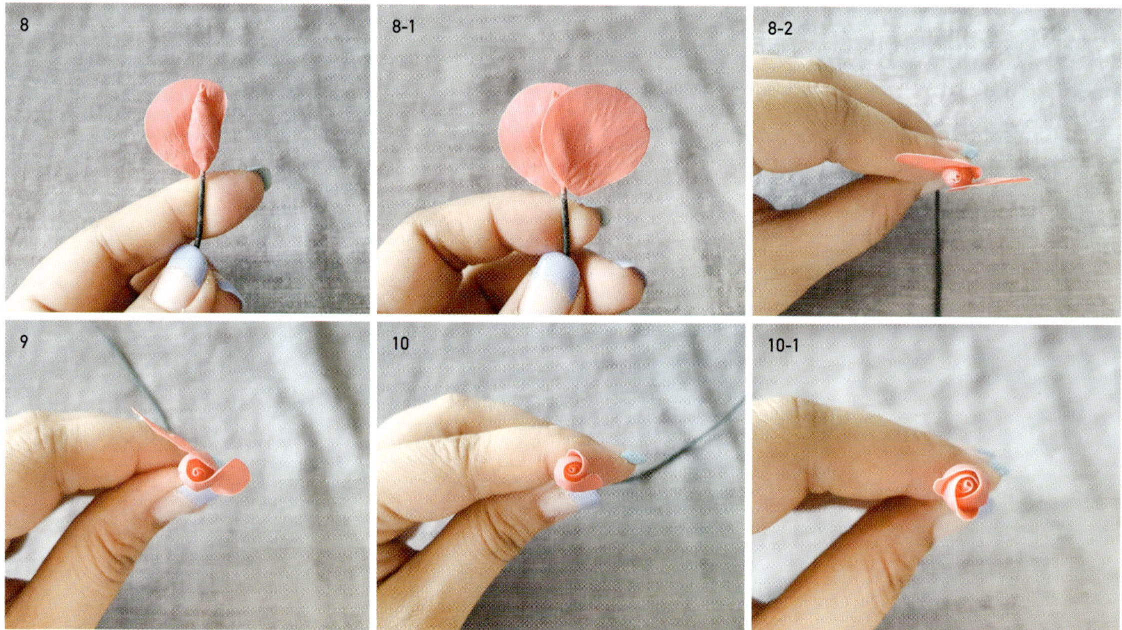

△ **8-2** 위에서 내려다본 모습

8 7에 꽃잎을 하나 더 붙이되, 사진처럼 꽃잎의 오른쪽 끝에 붙인 후 살짝 눌러서 위치를 잡아줍니다. 그 위를 덮을 수 있도록 꽃잎을 하나 더 올리고 다시 한 번 살짝 눌러 붙입니다.

9 7에서 맨 처음 올린 꽃잎을 중심으로 두 번째 올린 꽃잎을 시계 반대 방향으로 조금씩 감싸 둘러줍니다.

참고 • 꽃잎을 붙일 때 윗부분의 잎이 서로 달라붙지 않게 주의합니다.

10 꽃잎의 윗부분을 매만져 살짝 벌려주고 아랫부분은 잘 눌러서 모양을 잡아줍니다.

세 번째 꽃잎 만들기

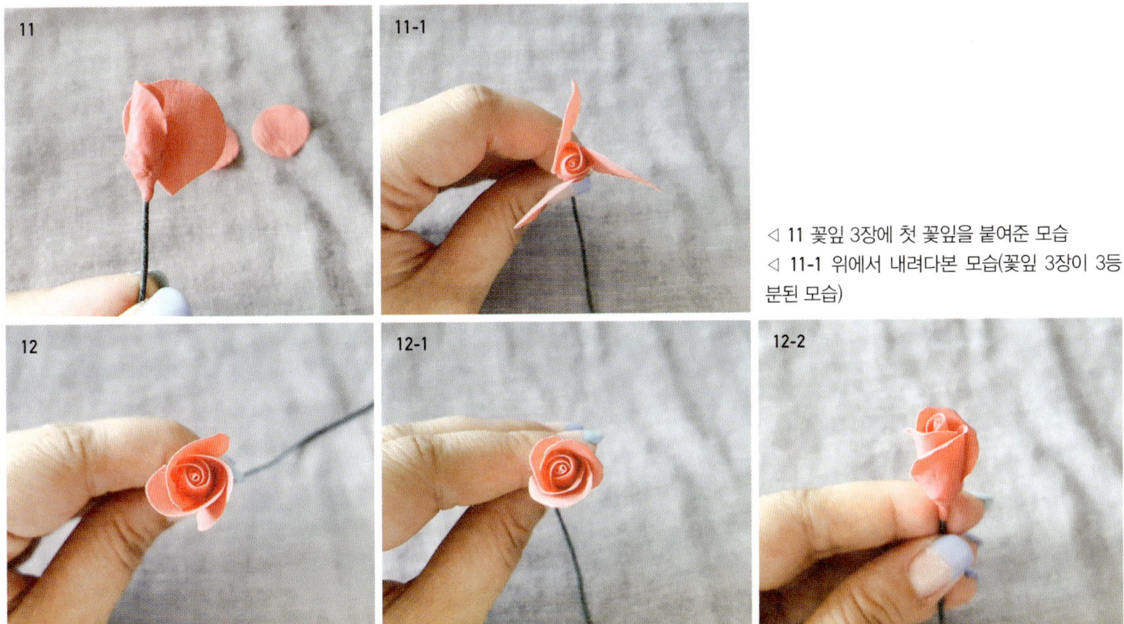

◁ 11 꽃잎 3장에 첫 꽃잎을 붙여준 모습
◁ 11-1 위에서 내려다본 모습(꽃잎 3장이 3등분된 모습)

11 사진처럼 꽃봉오리 끝부분을 10에서 완성한 꽃잎의 왼쪽 가장자리에 놓고 살짝 눌러서 위치를 고정시켜 줍니다. 이어서 꽃잎 2장을 더 붙여줍니다. 이때 위에서 내려다봤을 때 중심에서 3등분이 되도록 간격을 맞춰서 붙여줍니다.

12 사진처럼 중심을 기준으로 11에서 붙인 꽃잎을 시계 방향으로 돌려 감싸줍니다. 이때 꽃잎 아랫부분은 살짝 붙게, 윗부분은 위에서 내려다봤을 때 꽃잎 한 장 한 장이 떨어져 보이도록 둘러줍니다.

참고 • 3장의 꽃잎은 앞의 꽃봉오리 위에 만든 꽃잎 방향과 반대가 됩니다. 앞에서 시계 반대 방향으로 장미 꽃잎을 둘러줬다면 이번에는 시계 방향으로 둘러주면서 장미 꽃잎 모양을 만들어 주세요.

네 번째 꽃잎 만들기

13 마지막 남은 꽃잎 4장을 붙여 고정시켜 줍니다.

14 꽃봉오리를 중심으로 4등분한 후 꽃잎의 아래 끝부분을 살짝 붙인 후 한 잎씩 시계 반대 방향으로 감싸 둘러줍니다.

15 새로 붙인 꽃잎들이 잘 고정되도록 꽃의 아랫부분을 살살 눌러준 후 꽃 모양이 제대로 살아나도록 손으로 매만져 줍니다.

다섯 번째 꽃잎 만들기

16 100쪽 과정을 반복해 나머지 5장의 꽃잎을 다시 앞과 반대 방향인 시계 방향으로 하나씩 붙여가며 모양을 잡아줍니다.

참고 • 마지막 꽃잎 5장은 앞 꽃잎이 들어가 있는 꽃의 옆선을 살포시 눌러서 오므려주고, 옆선이 꽃잎 밖으로 나온 쪽은 조금 벌려서 꽃잎이 살짝 핀 느낌으로 표현해 줍니다.

꽃받침 만들기

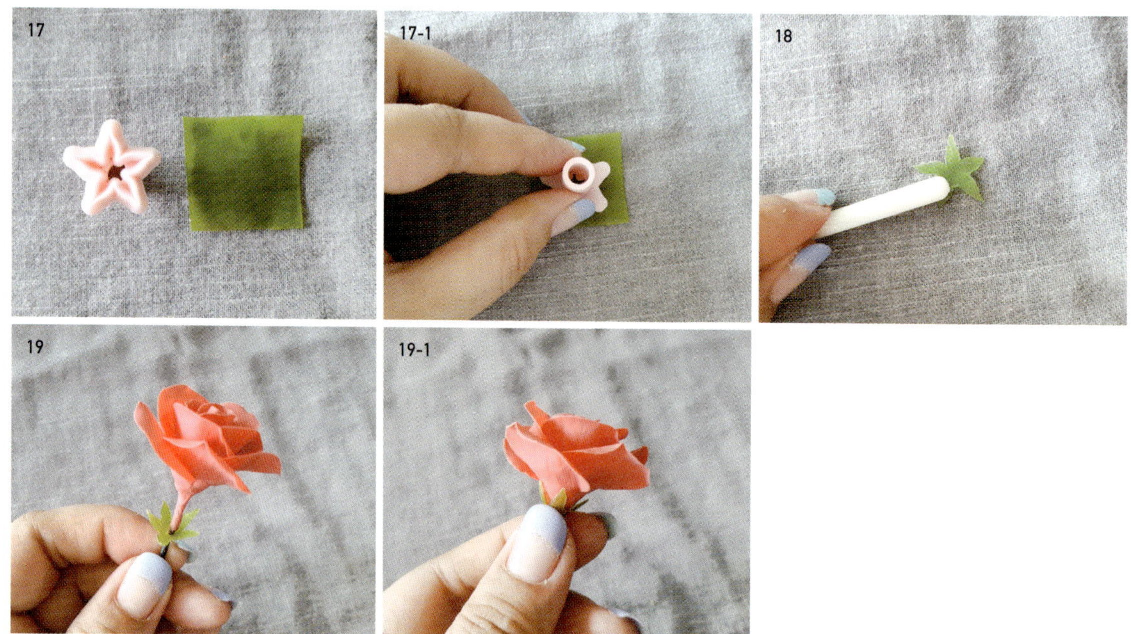

17 이번에는 장미 꽃받침을 만들 차례입니다. 밀랍시트와 꽃받침 커터로 시트에 힘을 주어 찍어줍니다.

참고 • 이 책에서는 초록색 밀랍시트로 장미 꽃받침을 만들었습니다.

18 꽃받침 시트를 셀스틱 뒷부분으로 살살 눌러서 커팅된 부분을 얇게 만들어 줍니다.

참고 • 커팅한 느낌이 안 보일 정도로만 살짝 눌러주세요. 너무 세게 누르면 밀랍시트가 셀스틱에 붙을 수 있어요.

19 꽃받침 정중앙에 철사를 꽂아 꽃 바로 아래에 오게 놓고 미니장미의 아래쪽 끝과 꽃받침을 함께 살살 눌러서 서로 붙여줍니다.

20 꽃받침이 꽃의 아랫부분을 통과해 조금 더 올라가게끔 위치를 잡아준 후 꾹 눌러줍니다.

21 꽃받침을 커팅하고 남은 17번 과정의 왁스를 손바닥으로 둥글게 만들어 꽃받침 봉오리를 만들어 줍니다. 그리고 철사에 꽂아서 꽃잎 아랫부분까지 올린 후 잘 붙도록 꾹꾹 눌러가면서 모양을 잡아줍니다.

22 이제 마지막 과정입니다. 전체적으로 꽃 모양을 체크하고 어색한 부분이 있으면 매무새를 잡아준 후 완성합니다.

2

카네이션 밀랍플라워 만들기

해마다 가정의 달 5월이면 카네이션은 가장 핫한 꽃이 됩니다. 이번 섹션에서는 감사한 분들에 대한 한결같은 마음처럼 늘 변치 않는 카네이션 밀랍플라워를 만들어보려고 합니다. 감사 시즌에 고마운 분들께 직접 만든 시들지 않는 카네이션 한 송이 선물해 보는 것은 어떨까요?

난이도 하 / **제작시간** 약 2시간 30분

재료 준비

빨간색 & 초록색 밀랍시트

도구 준비

제일 작은 사이즈의 카네이션 커터
꽃받침 커터 모양 2가지(no.2)
잎을 만드는 도구(셀스틱)
커팅 롤러
작은 가위
꽃 철사

참고 • 이 책에서 사용하는 꽃받침 커터는 날카로운 모양과 둥근 모양의 꽃받침 커터로 약 2cm 정도의 크기인 두 번째 커터입니다.

| 카네이션 꽃 만들기 |

1 카네이션 커터를 밀랍시트에 찍어 4~5장 정도의 꽃잎 시트를 만들어 줍니다. 이 책에서는 빨간색의 밀랍시트를 사용했습니다.

2 4~5장의 꽃잎의 중앙을 각각 '+'자 모양으로 눌러줍니다.

3 셀스틱 끝부분과 꽃잎 끝부분을 맞대어 누르면 주름이 생깁니다. 전체 꽃잎 끝에 주름을 불규칙적으로 만들어 프릴 모양으로 표현해 줍니다.

참고 • 셀스틱에 밀랍시트가 붙지 않도록 살살 눌러주세요.

4 1번 과정에서 꽃잎을 커팅하고 남은 밀랍시트를 뭉쳐서 사진처럼 물방울 모양을 만든 다음 철사를 꽂아줍니다.

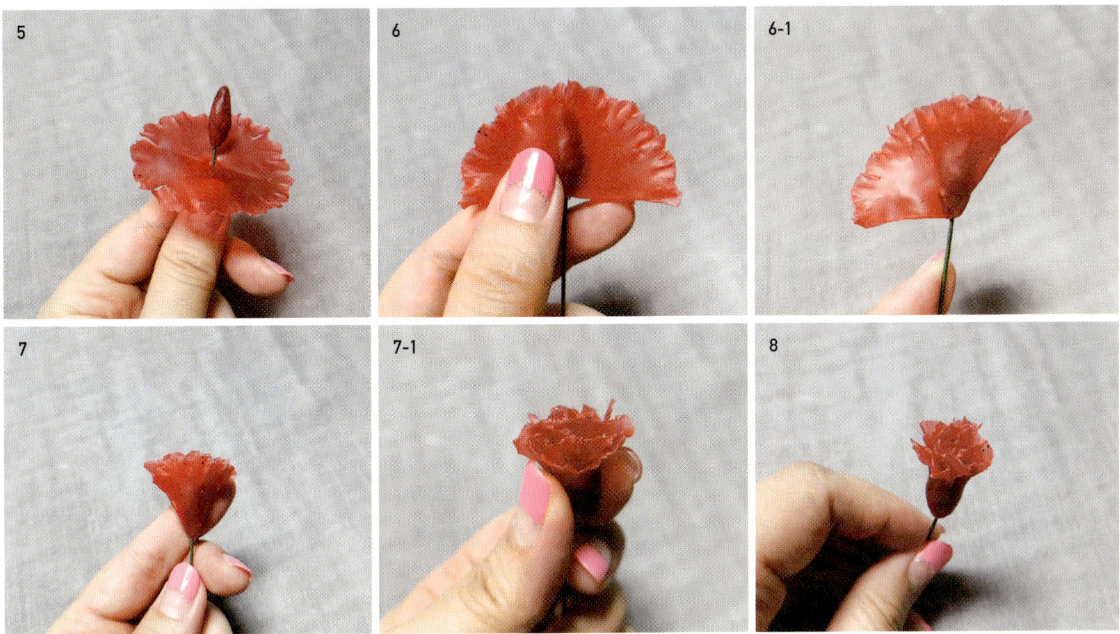

5 카네이션 꽃잎 하나를 들고 사진처럼 4의 꽃잎 정중앙에 꽂아줍니다.

6 꽃잎을 반으로 접은 후 꽃잎 아래쪽을 손끝으로 눌러 고정시킵니다. 계속해서 사진처럼 꽃잎을 1/3 정도 접고 꾹 눌러서 꽃잎 아래쪽을 앞쪽 꽃잎에 고정시켜 줍니다. 이때 봉오리가 밖으로 나오지 않도록 주의합니다.

7 다른 한쪽의 꽃잎을 반대로 접은 후 아랫부분을 잡고 위에서 내려다봤을 때 꽃이 둥글게 되도록 모양을 잡아줍니다.

참고 • 꽃잎 윗부분은 절대 누르거나 접지 마세요.

8 손으로 잡고 있던 꽃의 아랫부분도 손으로 눌러서 둥글게 모양을 잡아줍니다.

9 두 번째 카네이션의 꽃잎 중앙에 8의 철사를 꽂고 끝까지 올려 새로운 꽃잎을 만듭니다.

10 6번 과정을 반복해 꽃잎의 모양을 잡아줍니다.

11 8번 과정을 참고해 꽃잎의 옆과 아래 모양을 보면서 둥글게 만져 줍니다. 이때 위의 꽃잎을 조금씩 펴서 서로 붙지 않게 해줍니다.

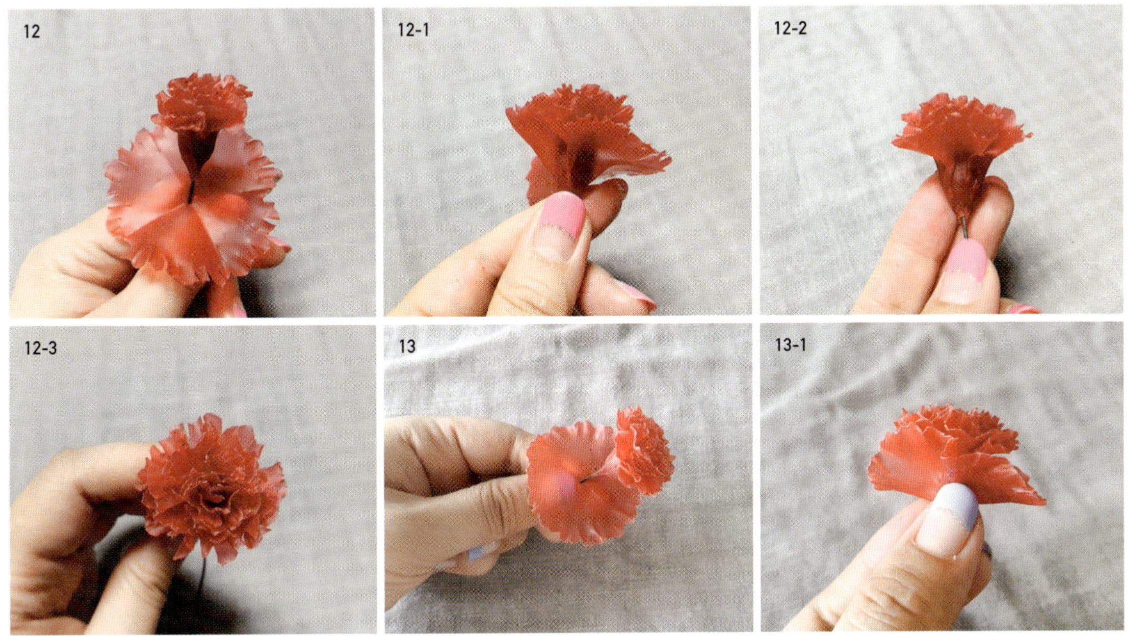

12 10~11번의 과정을 반복해 세 번째와 네 번째 카네이션 꽃잎을 만듭니다.

13 다섯 번째 꽃잎을 꽂아 철사 끝부분까지 올리고 손으로 조금씩 주름을 잡아가며 눌러줍니다.

참고 • 다섯 번째 꽃잎을 붙일지 말지는 카네이션의 크기에 따라 판단하세요. 만약 꽃의 크기가 적당하다면 생략해도 됩니다.

14 꽃의 주름을 전체적으로 다시 한 번 매만져 줍니다. 마지막으로 꽃의 윗부분이 붙지는 않았는지 재차 확인하고 꽃잎이 자연스럽게 벌어지도록 다듬어 줍니다.

15 1번 과정에서 카네이션 꽃잎을 커팅하고 남은 밀랍시트로 꽃봉오리 아랫부분을 자연스럽게 감싼 후 살짝 눌러서 모양을 잡아줍니다.

| 꽃받침① 만들기 |

16 초록색 밀랍시트 위에 꽃받침 커터를 놓고 힘껏 눌러서 꽃받침을 만들어 줍니다.

17 커팅된 꽃받침을 가위로 잘라 5개의 잎을 만듭니다.

18 앞에서 만든 카네이션 봉오리의 가장 아래쪽에 커팅한 꽃받침을 사진처럼 1/3 정도만 겹쳐지도록 붙여줍니다.

19 커팅 롤러를 이용해서 18번 과정에서 붙인 꽃받침에 세로로 긴 얇은 줄을 그어 꽃받침을 완성합니다.

참고 • 꽃받침이 겹쳐지는 부분은 강하게 눌러주고 나머지 부분은 조금 약하게 눌러서 실선을 만들어 줍니다.

| 꽃받침② 만들기 |

20 조록색 밀랍시트 위에 꽃받침 커터 no.2를 놓고 힘껏 눌러서 잘라줍니다.

21 커팅된 꽃받침의 한가운데를 중심으로 잘라 8개의 꽃잎을 만들어 줍니다.

22 카네이션 가장 아래쪽에 커팅한 꽃잎을 붙이되, 서로 1/3 정도만 겹쳐지게 한 후 조금씩 눌러 위치를 고정시켜 줍니다.

3

소국 밀랍플라워 만들기

사시사철 주변에서 쉽게 볼 수 있는 소국은 밀랍플라워로 표현하기 가장 쉬운 꽃입니다. 꽃 중에서 실제와 가장 흡사하게 만들 수 있기 때문에 계속 만들어보고 싶어지는 밀랍플라워 중 하나이기도 합니다. 핑크, 옐로우, 아이보리 등 실제 소국의 다양한 색 표현이 가능하기 때문에 초보자들도 쉽게 만들 수 있습니다.

난이도 하 / **제작시간** 약 2시간

재료 준비

노란색 & 초록색 밀랍시트

도구 준비

소국 커터 또는 밀랍시트를 실제 꽃잎에 맞게 자른 밀랍 꽃잎
꽃받침 커터(no.2)
꽃잎을 만드는 도구(셀스틱, 본툴)
꽃잎 베이너
가위
꽃 철사

| 소국 꽃봉오리 만들기 |

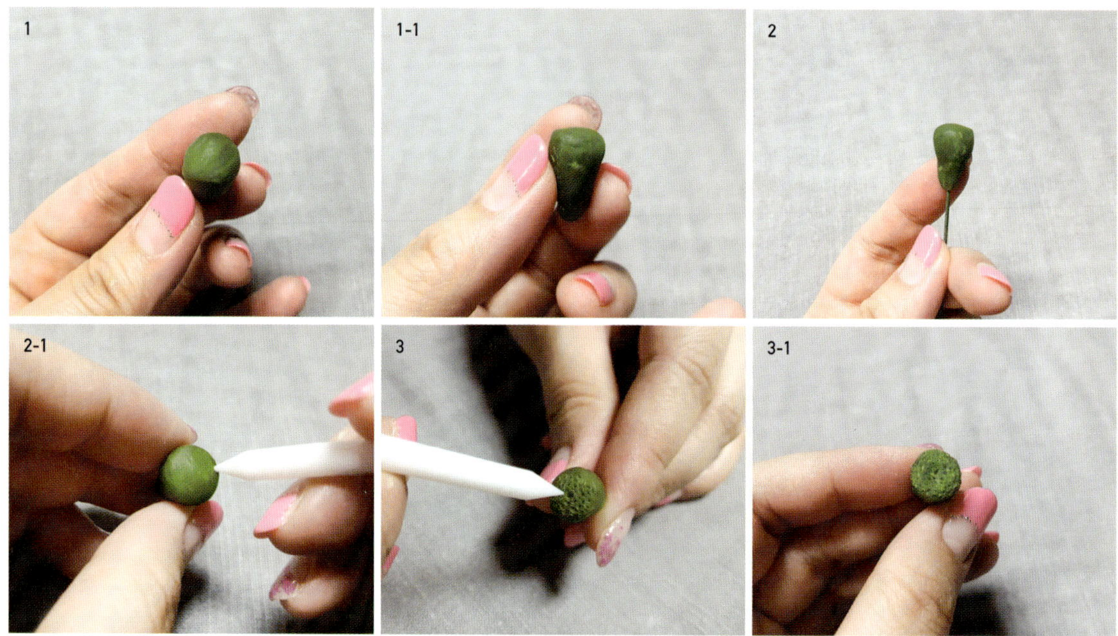

1 초록색 밀랍시트를 새끼손톱 크기로 둥글게 뭉쳐 주고, 아래쪽을 눌러서 위쪽이 조금 큰 둥근 봉오리를 만들어 줍니다.

2 철사를 봉오리의 중앙에 꽂고 셀스틱으로 봉오리 윗부분을 눌러 작은 구멍을 만들어 줍니다.

3 2번 과정와 같은 방법으로 봉오리 윗부분을 작은 구멍으로 채웁니다. 그리고 한가운데가 안쪽으로 들어가도록 힘껏 눌러서 수술을 만들어 줍니다.

참고 • 불규칙하게 점을 찍어주면 자연스러운 수술 표현이 가능합니다.

꽃잎 만들기

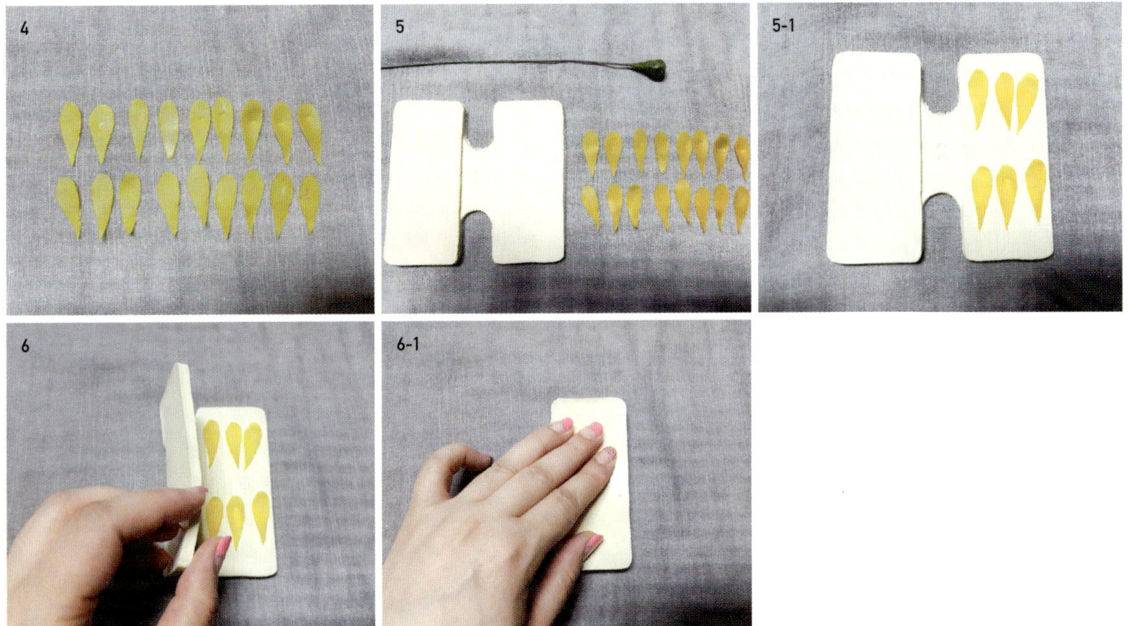

4 노란색 밀랍시트에 소국 커터를 대고 힘껏 눌러서 꽃잎을 만들어 줍니다. 이와 같은 방법으로 18개의 꽃잎을 만들어 준비합니다.

참고 ◦ 소국 커터가 없을 때는 실제 소국 꽃잎을 참고해 가위나 칼로 밀랍시트를 잘라주세요. 평소에 좋아하는 꽃을 책 속에 끼워 압화로 만들어두면 다양한 밀랍플라워를 만들 때 유용합니다.

5 사진처럼 여러 장의 소국 꽃잎을 베이너 위에 올려놓습니다.

6 베이너를 덮고 손으로 힘껏 눌러줍니다.

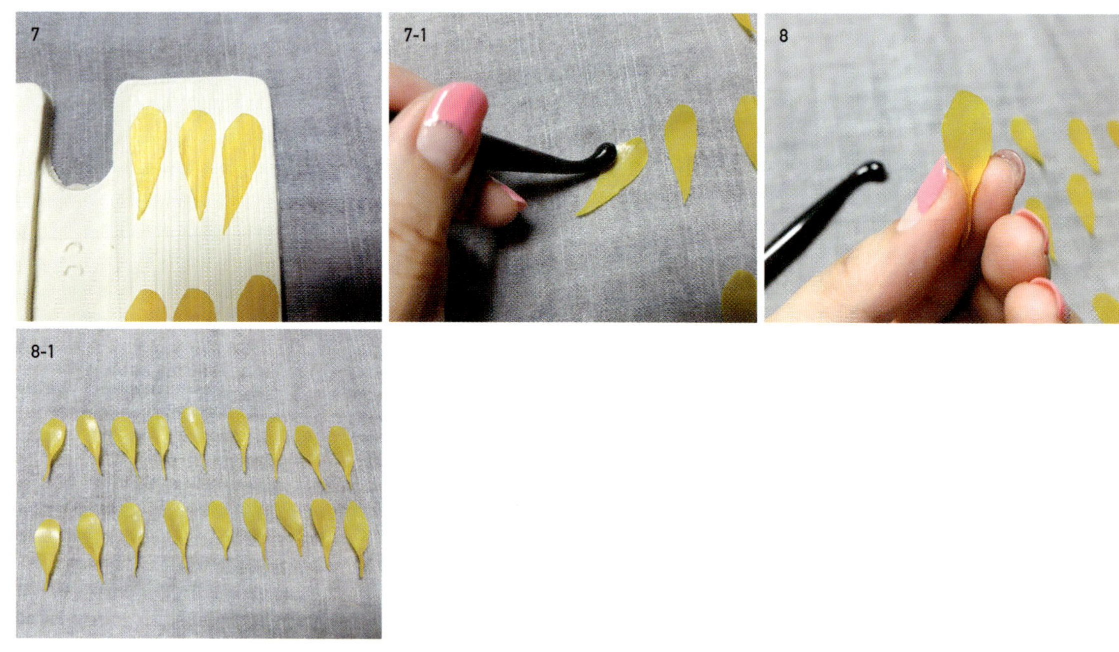

7 잎맥이 잘 만들어졌는지 확인한 후 본툴로 꽃잎 주변을 굴리듯이 지그시 눌러서 꽃잎이 안으로 둥글게 휘어지도록 만들어 줍니다.

8 사진처럼 손가락으로 꽃잎의 아랫부분을 눌러서 오므려 줍니다.

| 꽃봉오리에 꽃잎 붙이기 |

9 앞에서 만들어놓은 꽃봉오리 위쪽에 사진처럼 8번 과정의 꽃잎을 간격 없이 자유롭게 손가락으로 눌러가며 붙입니다.

10 대략 아홉 장의 꽃잎을 자유롭게 붙인 후 첫 번째 꽃잎 뒤에 다시 새로운 꽃잎을 붙입니다.

11

11-1

11-2

11-3

11 꽃잎을 모두 붙이고 난 후 꽃잎 아랫부분을 손가락으로 지그시 눌러가며 고정시켜 줍니다.

참고 • 꽃잎의 아랫부분이 얇아 잎이 떨어질 수 있으므로 잘 눌러서 고정시켜 주세요.

꽃받침 만들기

12

12-1

12-2

12 꽃받침 커터 no.2를 초록색 밀랍시트 위에 올린 후 힘껏 눌러서 두 개의 꽃받침을 만듭니다.

13 꽃받침 하나를 철사에 꽂은 후 위로 올려서 소국 꽃잎 끝부분에 붙여줍니다.

14 나머지 꽃받침도 위와 같은 방법으로 철사에 꽂아 올리고 첫 번째 꽃받침과 엇갈리도록 붙여줍니다.

15 꽃잎이 벌어지지 않았는지 확인한 후 마무리해 완성합니다.

4

커다란 장미 밀랍플라워 만들기

커다란 밀랍장미는 같은 장미라도 앞서 만든 미니장미와는 느낌이 많이 다릅니다. 실제 장미만한 크기로 만들기 때문에 얼핏 보면 생화와 거의 비슷합니다. 미니장미를 만들어본 후 큰 장미 만들기에 도전해 보세요. 만드는 방법이 거의 비슷해서 그리 어렵지 않을 거예요.

난이도 중 / **제작시간** 약 2시간 30분

재료 준비

연분홍색 & 초록색 밀랍시트

도구 준비

장미 커터(no.5)
꽃받침 커터(no.4)
꽃잎을 만드는 도구(셀스틱, 본툴)
장미 베이너
꽃 철사

장미 꽃잎 만들기

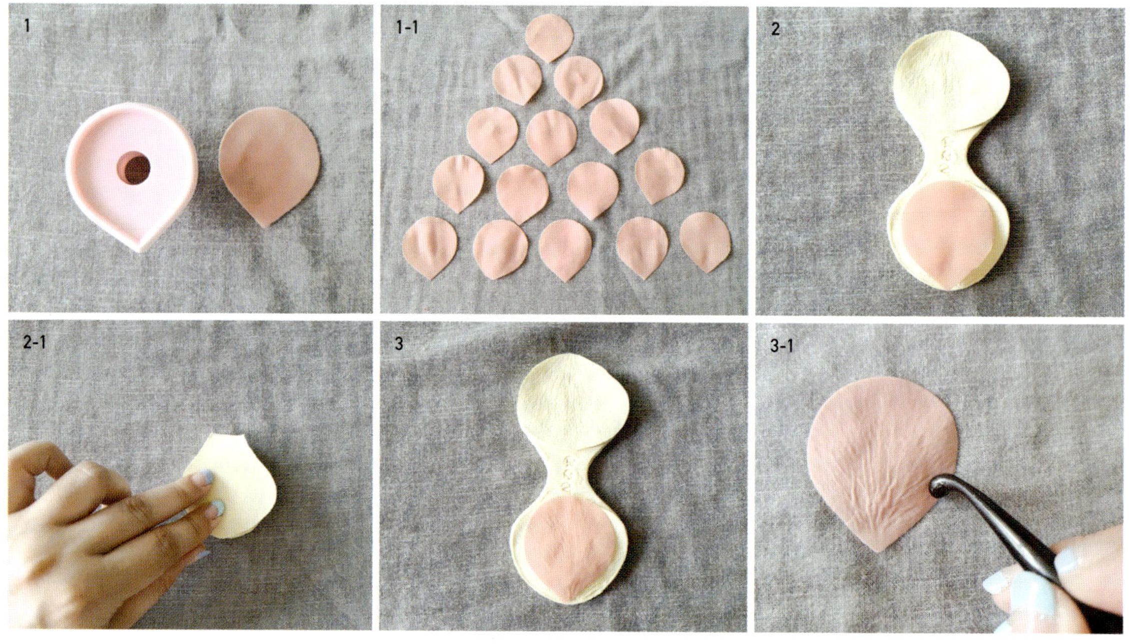

1 원하는 색상의 밀랍시트에 장미 커터를 힘껏 눌러 장미 꽃잎 15장을 만들어 줍니다. 이 책에서는 밝은 연핑크색 밀랍시트를 이용했습니다.

참고 • 미니장미를 만들 때처럼 꽃잎을 1장 → 2장 → 3장 → 4장 → 5장 순서로 붙입니다. 조금 작은 장미를 만들 때는 4장까지만 붙여도 충분합니다.

2 장미 베이너에 1번 과정에서 만든 장미 꽃잎을 넣고 반으로 접어 잎맥이 찍히도록 손가락으로 꾹 눌러줍니다.

3 베이너로 장미 잎맥을 찍어준 후 본툴로 꽃잎 주변을 살짝 눌러서 꽃잎 끝부분에 자연스럽게 프릴이 생기도록 만들어 줍니다.

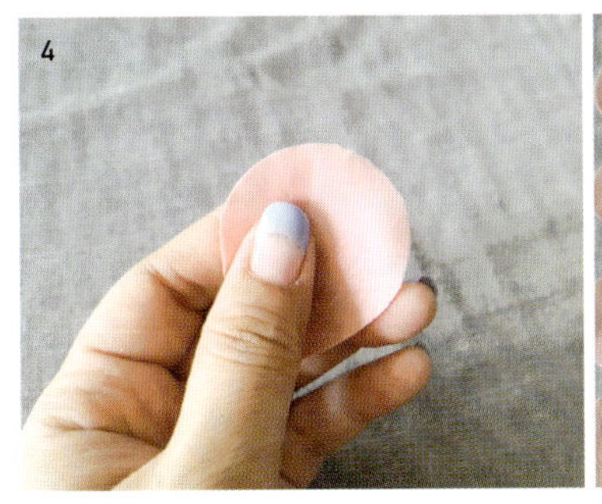
4

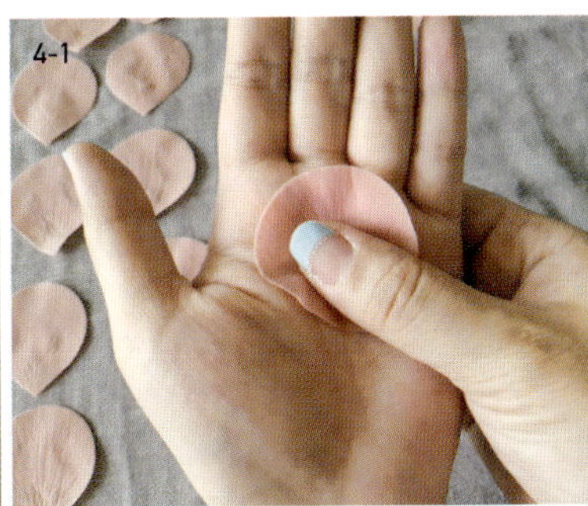
4-1

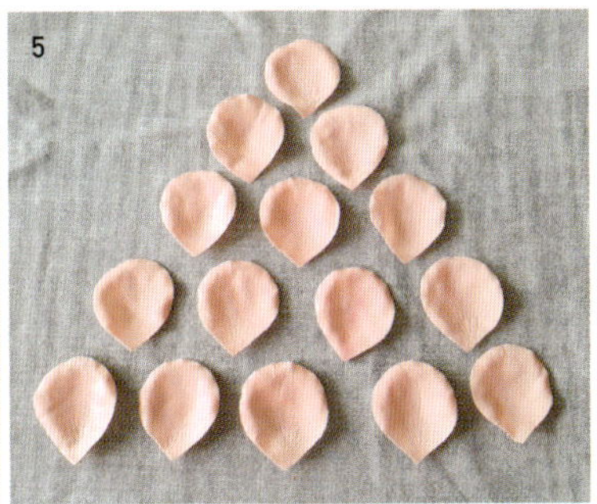
5

4 손바닥에 꽃잎을 올려놓고 엄지손가락으로 꽃잎 중앙과 꽃잎 아랫부분을 살짝 눌러서 동그란 꽃잎을 표현해 줍니다.

5 나머지 장미 꽃잎도 4번 과정과 같은 방법으로 자연스러운 꽃잎을 표현해 줍니다.

| 장미 봉오리와 첫 번째 꽃잎 붙이기 |

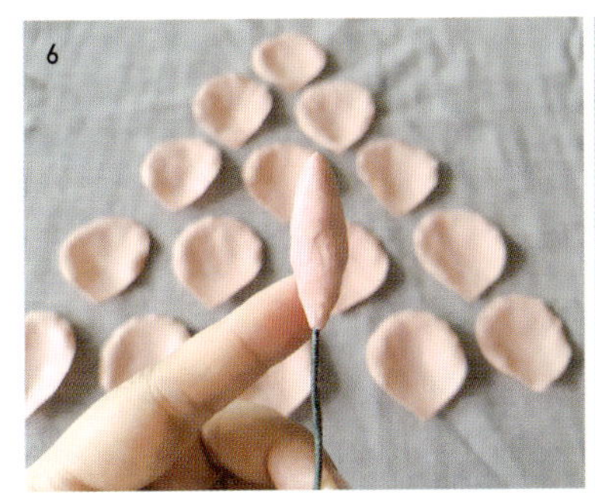
6

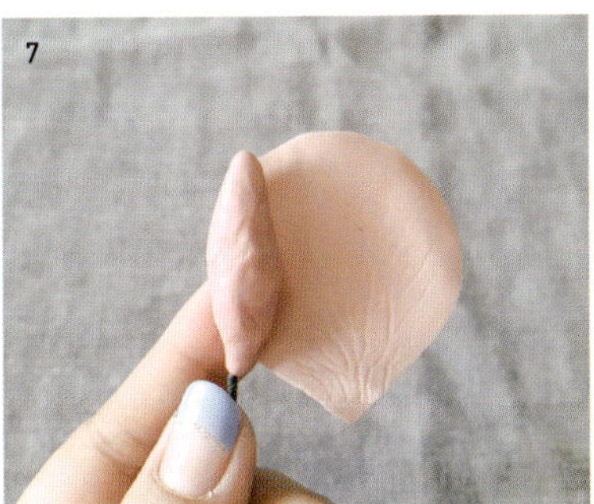
7

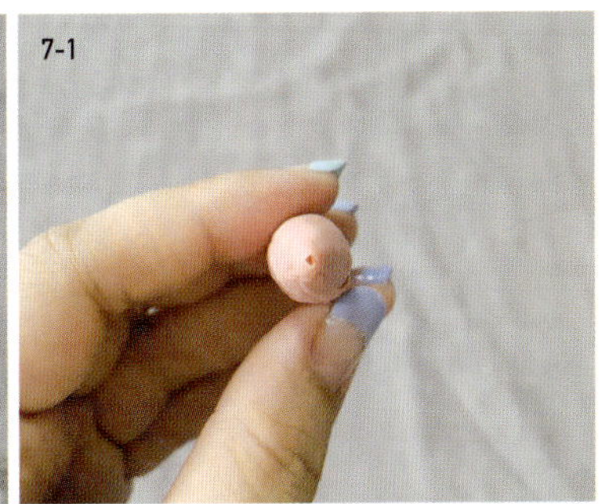
7-1

6 장미 꽃잎을 커팅한 후 남은 밀랍시트를 뭉쳐서 꽃봉오리를 만들고 철사를 꽂아줍니다.

7 사진처럼 꽃잎의 끝부분을 꽃봉오리 중앙에 살짝 붙이고 봉오리를 감싸듯이 전체를 둘러줍니다.

참고 ◦ 첫 꽃봉오리 잎의 윗부분이 벌어지지 않게 매만져 줍니다.

두 번째 꽃잎 붙이기

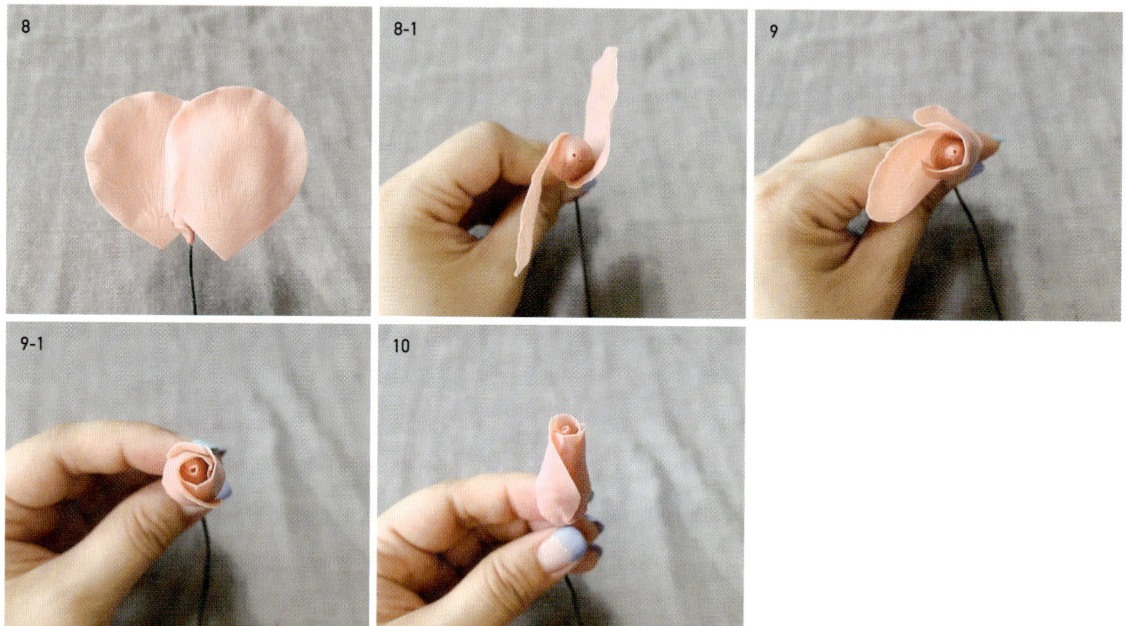

8 꽃잎 두 장의 방향이 서로 엇갈리도록 놓고 살짝 눌러 붙인 다음 사진처럼 서로 다른 방향으로 잘 고정시켜 줍니다.

9 꽃잎 하나를 사진처럼 시계 반대 방향으로 꽃잎 밑 부분을 붙여 가면서 둘러줍니다. 나머지 한쪽도 시계 반대 방향으로 꽃잎 아랫부분을 붙여 가면서 둘러줍니다.

참고 • 꽃잎의 위쪽이 서로 붙지 않도록 살짝 벌려가면서 붙여주세요.

10 꽃의 옆면을 봤을 때 꽃잎들이 서로 붙지 않게끔 살짝 벌려주세요. 이때 꽃의 아래쪽이 잘 붙도록 충분히 눌러줍니다.

세 번째 꽃잎 붙이기

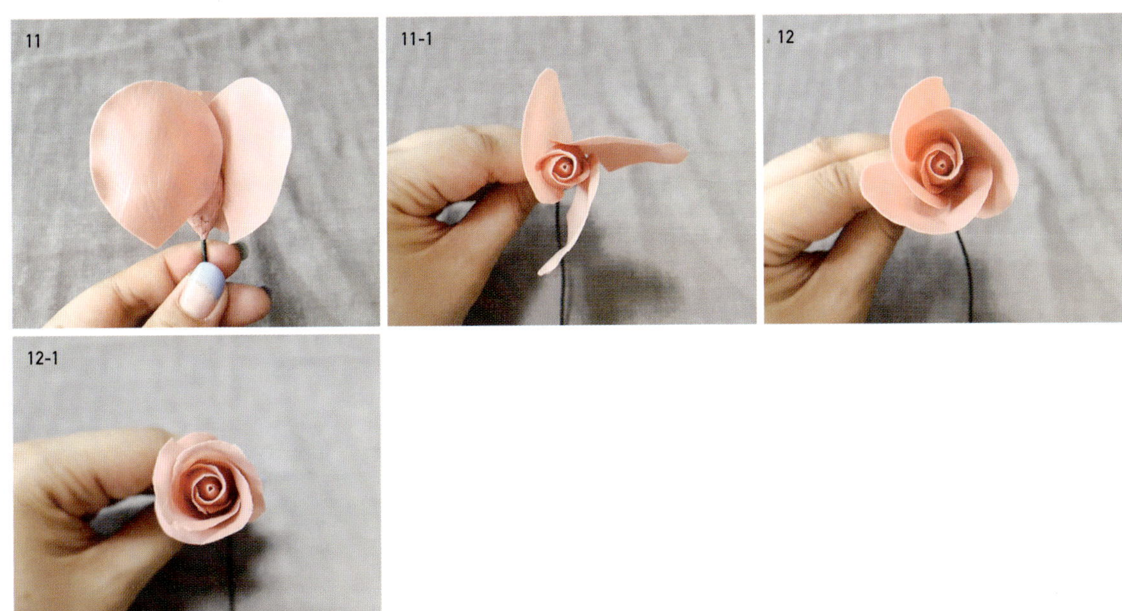

11 꽃을 위에서 내려다봤을 때 가운데 꽃을 3등분해 꽃잎 세 장을 사진처럼 봉오리에 붙여줍니다.

12 세 장의 꽃잎을 한 장씩 시계 방향으로 눌러서 둘러 동그란 꽃잎을 만들어 줍니다.

네 번째 꽃잎 붙이기

13 네 장의 꽃잎을 11번 과정과 같이 4등분하여 붙이고 다시 꽃잎을 한 장씩 시계 방향으로 눌러 둘러주면서 꽃잎 모양을 만들어줍니다.

참고 ◦ 꽃잎이 많아질수록 꽃잎 아래쪽은 잘 눌러서 붙이고 위쪽은 서로 붙지 않도록 잘 펴줍니다.

14 장미 꽃잎의 끝부분을 각각 손으로 만져 자연스럽게 프릴을 만들어 줍니다.

다섯 번째 꽃잎 붙이기

15 다섯 장의 꽃잎을 19번 과정과 동일하게 5등분하여 붙이고 각각 한 장씩 시계 반대 방향으로 눌러 둘러주면서 꽃잎 모양을 만들어 줍니다. 14번 과정과 마찬가지로 꽃잎 윗부분을 매만져 자연스럽게 프릴을 만들어 줍니다.

| 꽃받침 만들기 |

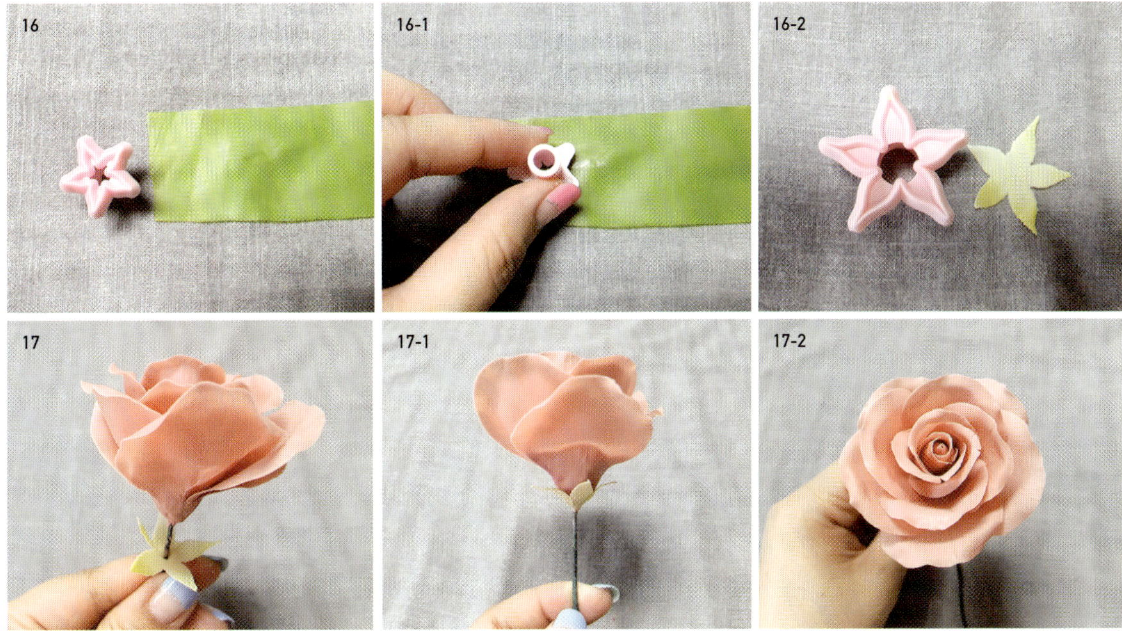

16 꽃받침 커터와 초록색 밀랍시트 위에 커터를 놓고 힘껏 눌러 꽃받침을 만들어 줍니다.

17 꽃의 철사에 꽃받침이 중앙에 오도록 꽂아 올린 후 장미 아랫부분에 잘 붙여줍니다.

참고 • 꽃받침 위쪽은 자연스럽게 두고 아래쪽은 꼼꼼하게 잘 붙여주세요.

DRAMATIQUES

5

수국 밀랍플라워 만들기

수국은 풍성한 꽃다발을 만들기 좋은 꽃 중 하나로, 다발로 만들어 수국 디퓨저로도 활용할 수 있습니다.(192쪽에서 소개) 꽃잎 하나를 완성하는 데 그리 오랜 시간이 걸리지 않지만 좀 더 풍성하고 화려한 꽃다발을 원한다면 여러 장의 꽃잎을 만들어 보세요. 일단 꽃 한 송이를 만들어 보고 응용하여 여러 송이의 밀랍 수국 꽃다발 만들기에 도전해 보세요.

난이도 하 / **제작시간** 약 1시간

재료 준비

밝은 노란색 밀랍시트

도구 준비

수국 커터(no.1) 또는 실제 꽃잎 크기로 재단한 밀랍시트
장미 베이너
꽃잎을 만드는 도구(셀스틱)
커팅 롤러
꽃 철사
작은 가위

수국 꽃봉오리 만들기

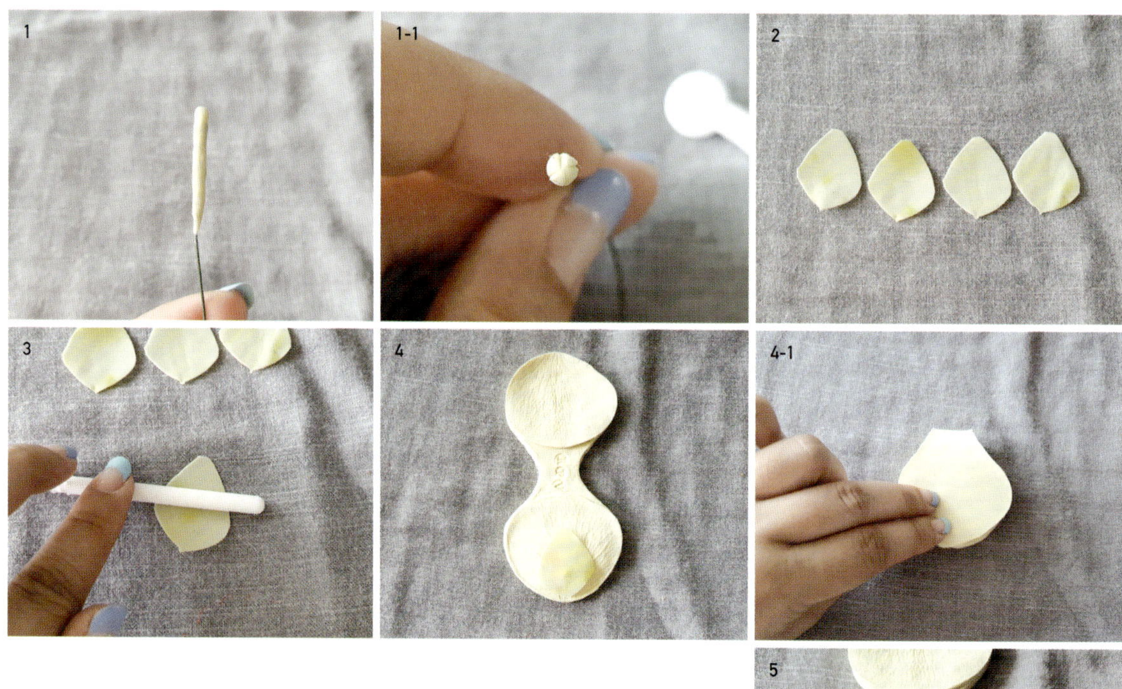

1 작은 콩만한 밝은 노란색의 밀랍시트를 손바닥으로 밀어 사진처럼 길게 만든 다음 철사에 꽂아 수국 꽃봉오리를 만들어 줍니다. 그리고 롤러를 이용해 꽃봉오리 끝부분을 '+'자 모양으로 눌러 꽃봉오리를 완성합니다.

2 수국 커터로 커팅하거나 밀랍시트를 가위로 잘라 꽃잎을 만들어 줍니다.

참고 • 수국 커터가 없을 때는 실제 수국 꽃잎을 보면서 밀랍시트를 가위나 칼로 잘라주세요. 이 책에서는 실제 꽃잎의 크기대로 밀랍시트를 가위로 잘라 사용했습니다. 수국 한 송이를 만들려면 총 네 장의 꽃잎이 필요합니다.

3 셀스틱으로 꽃잎을 전체적으로 살짝 밀어 꽃잎 끝을 자연스럽게 만듭니다.

참고 • 밀랍시트는 실제 꽃잎보다 두꺼울 수 있으므로 한 번 더 얇게 밀어주세요. 그러면 좀 더 자연스러운 꽃잎을 표현할 수 있습니다.

4 장미 베이너 위에 꽃잎을 올리고 베이너를 반으로 접은 다음 잘 눌러서 3번 과정에서 만들어둔 꽃잎의 잎맥을 표현해 줍니다.

5 베이너를 열어 잎맥이 잘 찍혀졌는지 확인합니다. 잎맥이 잘 찍혔으면 나머지 모든 꽃잎에도 똑같이 잎맥을 만들어 줍니다.

| 꽃봉오리에 꽃잎 붙이기 |

6 1~2번 과정에서 만든 꽃봉오리 윗부분에 꽃잎의 끝을 대고 눌러 고정시켜 줍니다.

7 두 번째 꽃잎을 꽃봉오리 맞은편에 놓고 꽃잎 끝을 눌러 고정시켜 줍니다.

참고 • 꽃잎 아랫부분이 얇아 봉오리에 붙인 꽃잎이 잘 떨어질 수 있습니다. 섬세하게 꾹꾹 눌러서 붙여주세요.

8 사진처럼 꽃을 뒤집어서 꽃잎 끝부분이 떨어지지 않도록 다시 한 번 잘 눌러서 고정시킵니다.

9 8번 과정에서 만든 꽃잎 사이에 세 번째, 네 번째 꽃잎을 붙이고 떨어지지 않도록 끝을 잘 눌러줍니다.

10 꽃잎이 안쪽으로 살짝 모아지도록 모양을 잡아 완성합니다.

참고 • 1~10번 과정을 반복해 여러 개의 수국을 만들어 꽃다발을 만들어 보세요. 지금 여러 개의 소국을 만들어 꽃다발로 완성해 놓으면 뒤에 PART 3에서 다룰 디퓨저 스틱으로도 유용하게 활용할 수 있습니다.

6

프리지어 밀랍플라워 만들기

봄의 산뜻함을 느낄 수 있는 노란 프리지어는 꽃이 활짝 피기 직전의, 봉오리가 조그맣게 오므려진 것을 구입하는 것이 좋습니다. 그러면 시간이 지나면서 활짝 피어나는 꽃을 지켜보는 즐거움을 오래도록 누릴 수 있으니까요.
더 오래 두고 보고 싶다면 프리지어 밀랍플라워를 만들어 보세요. 프리지어는 다른 꽃에 비해 꽃송이가 작아서 더 손이 많이 가지만 파스텔 옐로우 색상 특유의 화사함 덕분에 완성해 놓으면 어떤 꽃보다도 소소한 화려함을 자랑합니다.

난이도 중 / **제작시간** 약 2시간

재료 준비
노란색 밀랍시트

도구 준비
꽃잎을 만드는 도구(셀스틱), 커터 or 가위
꽃 철사

프리지어 꽃잎 만들기

1 노란색 밀랍시트를 프리지어 모양으로 잘라줍니다.

참고 • 밀랍플라워용 전용 커터가 따로 있는 것은 아닙니다. 보통 슈가플라워 커터를 공용으로 사용하고 있습니다. 꽃 커터를 준비하지 못했거나 원하는 꽃 커터가 없을 때는 생화를 밀랍시트에 놓고 가위나 칼로 잘라 꽃잎을 준비해 주세요. 이 책에서는 꽃잎을 실제 꽃 모양대로 잘라 만들었습니다. 커터 사용 대신 실제 꽃잎을 그대로 본따면 더 생화에 가까운 표현을 할 수 있습니다.

1

꽃수술 만들기

2 커팅하고 남은 소량의 밀랍시트를 쌀 한 톨 정도 크기로 떼어 바닥에 놓고 손가락으로 밀어서 꽃수술을 만들어 줍니다.

참고 • 수술 1개당 쌀 한 톨 정도의 크기입니다.

3 2번 과정을 반복해 3~4개의 수술을 만들어 줍니다. 그리고 아랫부분을 잘 눌러 사진처럼 한 덩어리로 만듭니다.

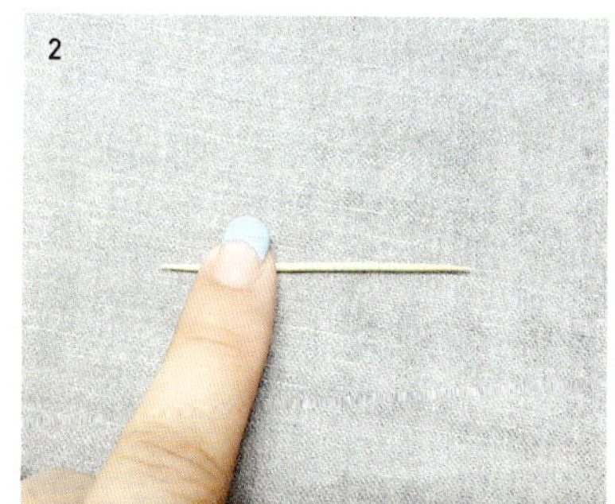
2

3

꽃잎 만들기

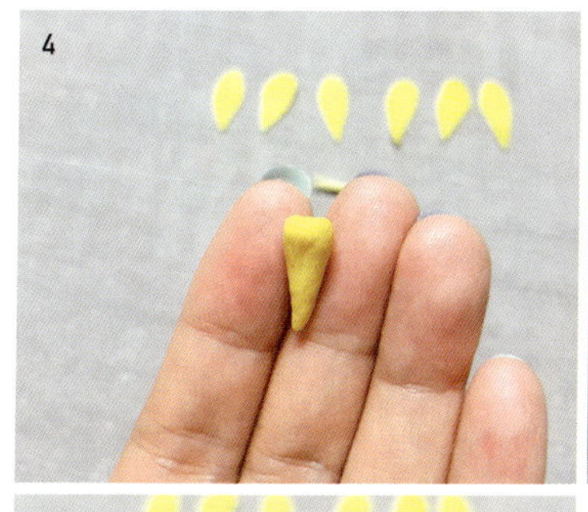
4

5

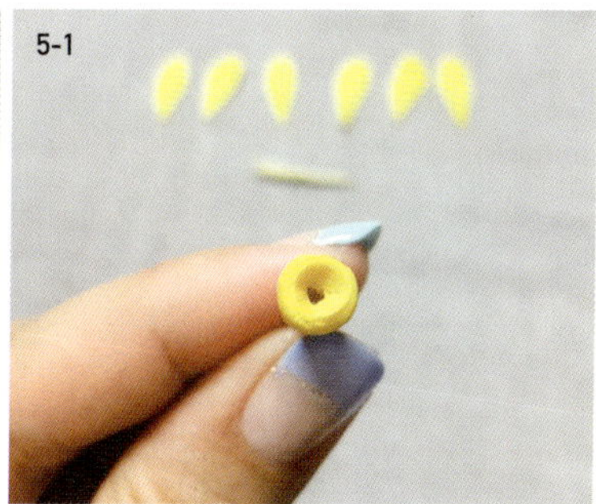
5-1

6

4 커팅하고 남은 밀랍시트를 콩 한 알 정도 크기로 떼어 아랫부분이 뾰족한 원뿔 모양으로 만들어 줍니다.

5 4번 과정에서 만든 원뿔 모양의 밀랍시트를 사진처럼 셀스틱으로 중앙에 구멍을 내줍니다. 그리고 셀스틱으로 원을 그려 구멍 위쪽을 조금 벌려줍니다.

6 3번 과정에서 미리 만들어 놓은 수술을 5번 과정에서 만든 원뿔의 구멍에 넣고 살짝 눌러서 고정시켜 줍니다.

참고 • 꽃수술이 제대로 고정되지 않으면 나중에 빠져 나올 수 있습니다. 수술을 구멍에 넣고 좀 더 신경 써서 꼼꼼히 눌러 주세요.

7 꽃잎이 수술보다 약간 위로 올라오도록 꽃잎을 원뿔에 붙인 후 꽃잎 끝을 눌러서 고정시켜 줍니다.

8 두 번째와 세 번째 꽃잎은 꽃잎과 꽃잎 사이를 약 0.1~0.2cm 정도 여유 있게 붙인 후 아래쪽을 눌러서 고정시켜 줍니다.

9 네 번째 꽃잎을 8번 과정과 똑같은 방법으로 붙여줍니다. 이때 벌어지는 공간이 없도록 꽃잎 아랫부분을 모아서 꽃잎이 서로 살짝 겹치도록 지그시 눌러줍니다.

10 네 장의 꽃잎을 앞의 꽃잎과 엇갈리도록 한 장씩 붙여줍니다.

11 꽃잎이 모아지도록 아랫부분을 눌러서 모양을 잡아주고 윗부분도 안쪽으로 둥근 모양이 되게 매만져 주세요.

12 꽃이 조금 더 핀 프리지어를 만들고 싶다면 꽃잎의 위쪽을 벌려주면 됩니다. 덜 핀 꽃잎을 표현하고 싶을 때는 위의 11번 과정에서 마무리해 완성합니다.

7

라넌큘러스 밀랍플라워 만들기

왠지 모르게 이름에서부터 유럽 어느 요조숙녀의 정원에서 매혹적이고 청초하게 피어날 것만 같은 우아한 라넌큘러스. 꽃말은 '매혹'입니다. 하지만 초보자들에게는 그리 매력적이지 않을지도 모르겠습니다. 레이어드되는 수많은 꽃잎 때문에 밀랍플라워로 완성하기엔 다소 까다롭고 어려운 꽃이기 때문입니다. 다소 까다로운 작업이 되겠지만 힘들게 만든 만큼 성취감과 매력 또한 큰 꽃입니다.

난이도 상 / **제작시간** 약 3시간

재료 준비

초록색 & 노란색 밀랍시트

도구 준비

장미 커터 2개(no.2, no.3)

꽃잎과 꽃봉오리 만들기

1 초록색의 밀랍시트 위에 장미 커터 no.2를 올려놓고 힘껏 눌러서 커팅해줍니다. 이와 같은 방법으로 총 18장의 꽃잎을 만들어 줍니다.

2 1번 과정에서 만든 꽃잎을 들고 엄지손가락 끝이나 손바닥을 이용해 꽃잎 윗부분 전체를 눌러서 살짝 안쪽으로 구부러지게 만들어 줍니다. 두꺼운 부분이 남지 않도록 손끝으로 꾹 눌러줍니다. 이때 지문자국이 남지 않도록 작업 후 꽃잎을 잘 문질러서 정돈해 줍니다. 꽃잎 아래쪽은 실제 꽃잎 모양처럼 살짝 구부려 줍니다.

참고 • 라넌큘러스는 꽃주름 없이 반질반질한 꽃이므로 꽃잎 윗부분에 주름이 생기지 않도록 세심하게 눌러 주세요.

3 2번 과정을 참고하여 나머지 꽃잎도 준비합니다.

4 1번 과정에서 커팅 후 남은 밀랍시트를 뭉쳐서 사진처럼 꽃봉오리를 만들어 줍니다. 이때 위에서 내려다봤을 때 꽃봉오리가 콩 모양처럼(약 1cm 정도) 둥글게, 아랫부분은 손으로 잡을 수 있을 정도로 길게 만들어주세요.

초록색 꽃잎 붙이기 ①

5 4번 과정의 꽃봉오리에 3번 과정에서 만든 꽃잎을 한 장 붙여줍니다. 옆에서 봤을 때 꽃잎이 약 0.1cm 정도 살짝 위로 올라오게 해줍니다.

6 5번 과정의 꽃잎과 2/3 정도 겹치도록 두 번째 꽃잎을 붙여 줍니다.

7 세 번째 꽃잎을 6번 과정의 꽃잎과 2/3 정도 겹치되 두 번째 꽃잎과 높이가 같게 붙여 줍니다.

8 네 번째 꽃잎을 세 번째 꽃잎과 2/3 정도 겹치되 높이가 같도록 붙여 줍니다.

9 다섯 번째 꽃잎을 8번 과정의 꽃잎과 1/3 정도 겹쳐지게 붙여 줍니다. 이렇게 총 다섯 개의 꽃잎이 한 세트가 되도록 만들어 줍니다.

참고 • 꽃잎을 붙일 때 생화처럼 최대한 자연스럽게 표현하려면 겹쳐지는 간격을 조금 불규칙적으로 해주면 됩니다.

10

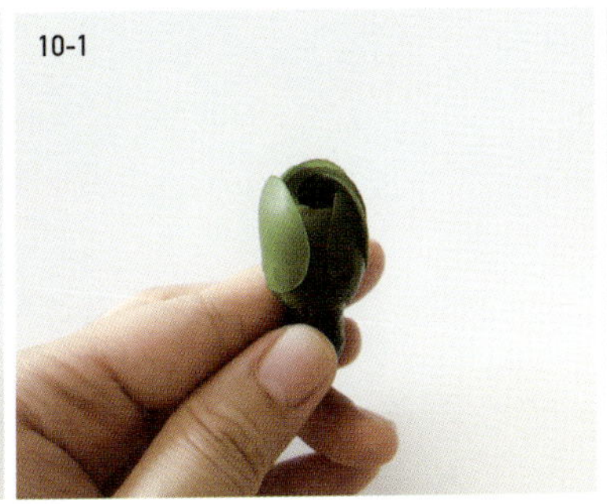
10-1

10-2

10 꽃봉오리 주변을 감싼 꽃잎 옆으로 계속해서 2/3 정도 겹쳐지도록 다섯 개의 꽃잎을 하나씩 더 붙여 줍니다.

참고 • 1번에서 9번 과정까지 총 다섯 개의 꽃잎으로 꽃봉오리를 한 바퀴 돌아 감싸 준 후 두 번째 감쌀 꽃잎을 약 0.1cm 정도 위에 붙여 주세요.

참고 • 꽃잎을 붙일 때 주의할 점
꽃잎을 한 장 한 장 꼼꼼하게 완전히 고정시켜 붙이지 않으면 나중에 꽃이 완성됐을 때 꽃잎이 떨어질 수 있습니다. 그러니 꽃잎을 붙일 때 꽃잎의 아랫부분을 손가락으로 꾹꾹 눌러서 완전히 붙여가며 작업해 주세요.

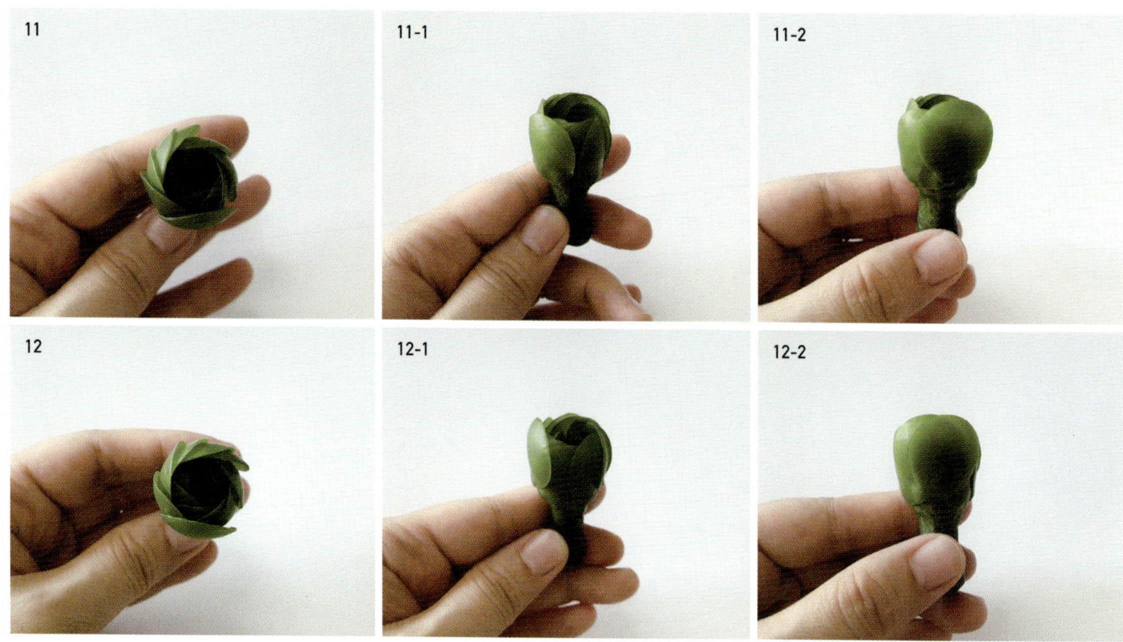

11 계속해서 꽃잎 옆에 서로 2/3 정도 겹쳐지도록 다섯 개의 꽃잎을 하나씩 차례대로 같은 높이로 붙여 줍니다. 이때 앞의 꽃잎보다 0.1cm 정도 높거나 똑같은 높이로 붙여 줍니다.

참고 • 다섯 번째 꽃잎은 생화 같은 자연스러움을 위해 살짝 내려 붙여도 됩니다.

12 계속해서 꽃잎 옆에 서로 2/3 정도 겹쳐지게끔 세 개의 꽃잎을 붙여줍니다. 이때 20번 과정의 꽃잎과 동일한 높이로 붙여 줍니다.

초록색 꽃잎 붙이기 ②

13 이제 조금 더 큰 꽃잎을 만들어줄 차례입니다. 초록색의 밀랍시트 위에 장미 커터 no.3을 올린 후 힘껏 눌러서 커팅합니다. 같은 방법으로 총 열 장의 꽃잎을 만들어 줍니다.

14 엄지손가락 끝이나 손바닥을 이용해 커팅한 꽃잎 윗부분 전체를 눌러 살짝 안쪽으로 구부러지게 만들어 줍니다. 이때 꽃잎의 끝부분은 장미 커터로 눌렀을 때 생긴 두꺼운 부분이 남지 않도록 손끝으로 꾹 눌러줍니다. 그리고 지문자국이 남지 않도록 작업 후 꽃잎을 잘 펴서 문질러 주고 꽃잎 아래쪽은 실제 꽃잎처럼 살짝 구부려 줍니다.

15 14번 과정을 참고해 총 열 장의 꽃잎을 준비합니다.

16 146쪽에서 만든 꽃에 15번 과정에서 준비한 조금 큰 꽃잎으로 감싸 붙여 줍니다. 이때 앞의 꽃잎과 동일한 높이로 붙여 줍니다.

17 16번 과정의 꽃잎 옆에 서로 2/3 정도 겹쳐지도록 다섯 개의 꽃잎을 차례로 붙여 줍니다. 이때 모두 앞의 꽃잎보다 0.1cm 높게 붙이고 다섯 번째 꽃잎만 0.1cm 정도 조금 낮게 붙입니다.

18

18-1

18-2

18 계속해서 세 개의 꽃잎이 서로 2/3 정도 겹치도록 붙여 줍니다. 이때 모든 꽃잎을 같은 높이 혹은 0.1cm 정도 조금 낮게 붙여줍니다.

| 노란색 꽃잎 붙이기 |

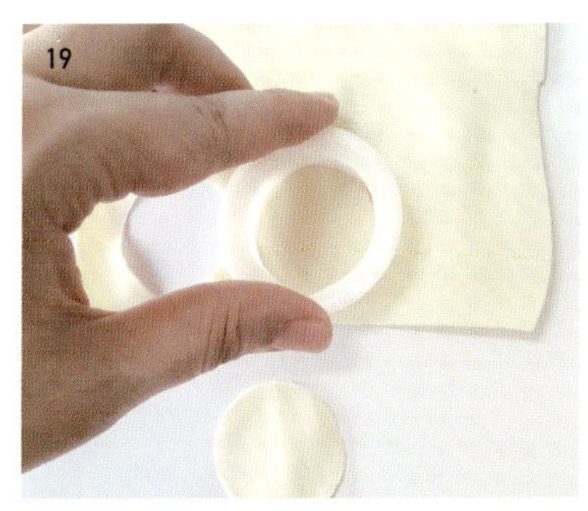
19

19 노란색 밀랍시트 위에 장미 커터 no.3을 올린 후 힘껏 눌러 커팅해서 총 25장의 꽃잎을 만들어 줍니다.

20 엄지손가락 끝이나 손바닥을 이용해 19번 과정의 꽃잎 윗부분 전체를 눌러 살짝 안쪽으로 구부러지게 만들어 줍니다. 꽃 끝은 장미 커터로 눌렀을 때 생긴 두꺼운 부분이 남지 않도록 손끝으로 눌러서 잘 펴줍니다. 이때 지문자국이 남지 않도록 작업 후 꽃잎을 잘 문질러서 정리해 주세요. 꽃잎 아래쪽은 실제 꽃잎 모양처럼 살짝 구부려 줍니다.

21 20번 과정을 반복해 총 25장의 꽃잎을 준비합니다.

22 계속해서 노란색 밀랍시트 꽃잎 다섯 장을 붙이되, 꽃잎 간격은 2/3 정도 겹치게 해주고 이전 꽃잎보다 약 0.1cm 정도 살짝 위로 올라오게 붙여 줍니다.

23 나머지 20장의 노란 꽃잎도 22번과 같은 방법으로 붙여 줍니다. 총 25장의 꽃잎을 모두 붙인 후 꽃잎이 자연스럽게 펴지도록 매만져 마무리합니다.

24 꽃잎 아랫부분이 서로 단단히 접착되도록 꽃봉오리와 꽃잎 아랫부분을 꾹 눌러서 붙여 줍니다.

B E E S W A X F L O W E R

밀랍플라워를 활용해 캔들 만들기

밀랍플라워는 벌레 퇴치 및 습기 제거와 발향 효과가 탁월할 뿐만 아니라 시각적인 아름다움까지 감상할 수 있어 다양한 매력을 지니고 있습니다.

이번 장에서는 천연왁스와 인공왁스를 이용한 플라워 캔들, 고체 방향제인 왁스 타블렛 그리고 드라이플라워와 밀랍플라워를 활용한 드라이플라워 캔들과 사과 캔들, 밀랍 수국을 이용한 디퓨저 방향제 등 앞에서 배운 밀랍플라워를 활용해 실용성 100%인 밀랍플라워 캔들을 만들어 보겠습니다.

HANDMADE WITH SPECIAL CARE, NATURALLY CLEAN BURNING
HUNDRED PERCENT

1

장미 밀랍플라워를 활용한 디자인 캔들

앞서 배운 장미 밀랍플라워를 이용해 장미 밀랍플라워 캔들을 만드는 방법을 소개합니다. 우선 소이 왁스인 천연왁스와 젤 왁스인 인공왁스를 넣고 밀랍플라워 장미를 장식해 캔들을 만들어 보겠습니다.

난이도 상 / **제작시간** 약 2시간 30분

재료 준비

왁스 : 컨테이너용 소이왁스(골든 464) 70g, 젤 왁스(MP) 80g
향료 : 프래그런스 오일 5.6g(왁스 대비 약 7%)
7oz짜리 컨테이너 용기
스모크리스 심지
심지 탭 스티커
드라이플라워
장식용 캔들 스티커

도구 준비

핫플레이트
비커
시약스푼
전자저울
온도계
심지가위 또는 웍트리머
심지 고정대
심지꽂이

| 컨테이너 캔들 만들기 |

1 장미 플라워 캔들에 필요한 도구와 재료를 준비합니다.

참고 • 필수적으로 들어가는 도구들은 16~19쪽을 참고하세요.

2 심지 탭 스티커를 스모크리스 심지 탭에 붙입니다.

3 2를 컨테이너 용기 중앙에 꽂고 단단히 붙도록 눌러준 후 심지 고정대로 심지를 고정시켜 줍니다.

참고 • 심지가 용기 중앙에 오도록 심지 고정대의 가운데 구멍에 심지를 꽂은 후 단단하게 심지를 당겨주세요.

4 3번 과정의 컨테이너 용기의 2/3 정도까지 드라이플라워를 채워 넣습니다.

5

5-1

6

6-1

6-2

7

8

8-1

5 젤 왁스(MP) 80g을 비커에 담아 핫플레이트에서 녹여 줍니다.

참고 • 장미 플라워 캔들에 들어가는 왁스는 컨테이너 소이왁스 80g과 젤 왁스 80g입니다. 이중 젤 왁스 안에 개인의 취향대로 드라이플라워를 넣어 플라워 캔들을 장식해 줍니다. 이때 젤 왁스에 들어가는 드라이플라워는 장식용으로 태우는 용도가 아니기 때문에 향료를 넣지 않습니다. 컨테이너 소이왁스에만 향을 넣고 소이왁스 부분만 향초로 사용합니다.

6 녹인 젤 왁스를 핫플레이트에서 내린 후 온도가 95~100℃ 정도 되면 4번 과정에서 준비한 용기에 부어 완전히 굳힙니다.

참고 • 드라이플라워가 살짝 잠길 만큼 용기의 중간까지만 부어줍니다.

7 컨테이너 소이왁스를 70g 계량하여 핫플레이트에서 녹여 줍니다.

8 녹인 컨테이너 소이왁스를 핫플레이트에서 내려 왁스 온도가 75~80℃ 정도 되면 프래그런스 오일 5.6g을 넣고 잘 저어줍니다.

참고 • 오일의 양은 왁스의 5~10% 정도만 넣습니다. 향 오일의 양을 5% 이하로 넣으면 발향이 거의 없고, 10% 이상 넣으면 왁스가 담을 수 있는 향 오일의 양을 초과하여 왁스가 탈 때 심하게 그을음이 생깁니다. 반드시 정해진 비율을 지켜주세요.

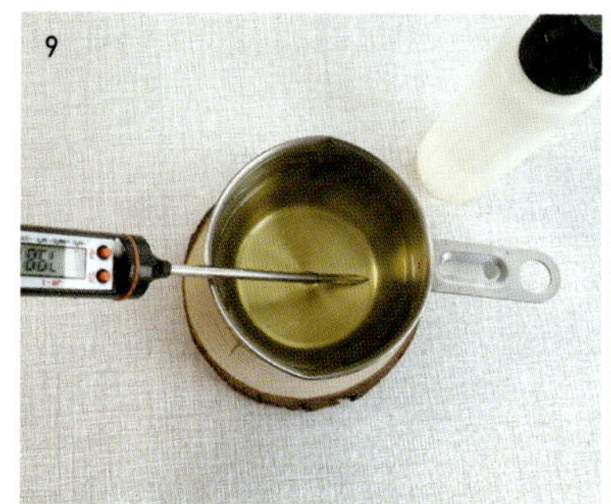
9

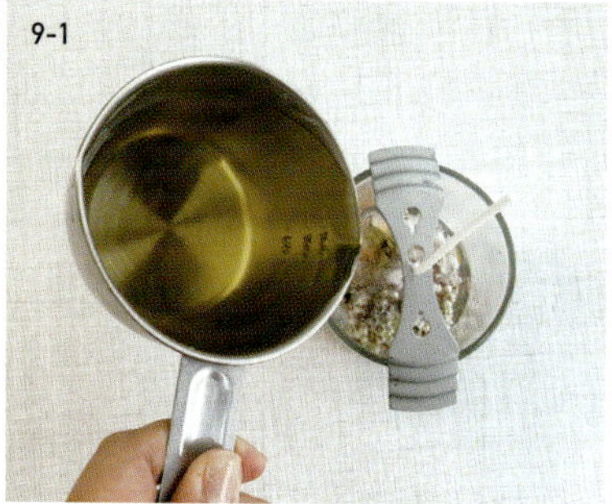
9-1

9-2

10

9 8번 과정의 왁스 온도가 70℃ 정도 되면 6번 과정의 컨테이너 용기에 부어줍니다.

10 왁스가 2/3 정도 굳으면 심지 고정대를 빼줍니다.

참고 • 컨테이너 용기 표면을 만졌을 때 미지근한 느낌이 들면 2/3 정도 굳은 것입니다.

밀랍플라워를 컨테이너 캔들에 장식하기

11 중앙에 심지 구멍을 낸 장미 밀랍플라워를 10번 과정의 왁스 심지에 꽂아줍니다.

참고 • PART 2에서 배운 밀랍플라워 장미를 캔들에 단단히 고정시키려면 장미꽃 중앙에 미리 심지 구멍을 내주어야 합니다. 밀랍플라워 캔들에 장식하기 전에 미리 심지꽂이를 장미 밀랍플라워 중앙에 꽂고 살살 돌리면서 구멍을 내주세요.

11

11-1

12 장미 밀랍플라워를 살짝 눌러주면서 고정시킨 후 속까지 완전히 굳혀 줍니다.

참고 • 밀랍플라워를 심지 중앙에 꽂는 과정에서 양옆의 굳은 왁스가 살짝 올라올 수 있습니다. 왁스가 아직 1/3 정도 굳지 않은 상태이므로 조심해서 심지에 꽂아 주세요. 그러면 양옆의 왁스가 올라오는 현상을 다소 줄일 수 있습니다.
위의 과정이 어려울 경우 컨테이너 소이왁스 위에 장미 밀랍플라워를 살짝 꽂고 장미 옆에 컨테이너 왁스를 10g 정도 더 부어줘도 됩니다. 이때 붓는 소이왁스의 온도는 65℃가 넘지 않아야 합니다. 온도가 너무 높으면 밀랍플라워가 녹을 수 있습니다.

13 왁스가 완전히 굳으면 윅트리머로 심지를 0.3~0.5cm 정도만 남기고 잘라 줍니다.

14 캔들 스티커를 용기 중앙에 붙여 완성합니다.

참고 • 개인의 취향에 따라 캔들 스티커를 붙여주면 됩니다. 방산시장이나 온라인 캔들 숍에서 다양한 캔들 스티커를 구입할 수 있습니다.

2

미니장미 밀랍플라워를 활용한 왁스 타블렛

왁스 타블렛 방향제는 보통 드라이플라워나 약품 처리된 프리저브드 같은 꽃을 사용해 만드는 것이 일반적입니다. 하지만 이 책에서는 밀랍플라워를 이용해 보다 생화 같은 느낌의 왁스 타블렛을 만들어 보겠습니다. 밀랍플라워를 다른 것으로 대체하면 새로운 디자인의 왁스 타블렛을 만들 수 있습니다.

난이도 중 / **제작시간** 약 2시간 30분

재료 준비

왁스 : 필라용 소이왁스 25g, 비즈 왁스 정제 15g
향료 : 프래그런스 오일 5.6g(왁스 대비 약 14%)
미니장미 밀랍플라워
타블렛 실리콘 몰드
아일렛
미니 유리병
드라이플라워
조개
불가사리
모래
막끈

도구 준비

핫플레이트
비커
시약스푼
전자저울
온도계
핀셋

용기 장식하기

1 2 2-1 3 3-1 4

1 미니장미 왁스 타블렛에 필요한 도구와 재료를 준비합니다.

참고 • 필수로 들어가는 도구들은 16~19쪽을 참고합니다.

2 작은 유리병에 하얀 모래를 1/3 정도 채워 넣습니다.

3 핀셋으로 불가사리와 조개를 모래의 원하는 위치에 꽂아줍니다.

4 준비한 막끈으로 사진처럼 유리병 입구를 장식합니다.

참고 • 유리병 장식용 끈은 막끈이나 노끈 혹은 리본 등 원하는 종류로 아무거나 고르면 됩니다. 유리병, 모래, 리본 등의 재료는 온라인 소품 숍이나 3호선 고속터미널역 3층에 있는 조화시장의 소품시장에서 구입 가능합니다.

5
6
7
7-1
8

5 실리콘 몰드 안쪽 아래쪽에 3번 과정의 유리병을 사진처럼 올려 놓습니다.

6 핫플레이트에 비커를 올리고 필라 소이왁스 25g과 비즈 왁스 화이트 정제 15g을 계량하여 녹여 줍니다.

참고 • 다이얼 1~5단계 중 3단계에 핫플레이트를 설정해 놓고 천천히 왁스를 녹여 줍니다. 3단계 이상에서 녹일 경우 비커에서 연기가 나면서 바닥이 탈 수 있습니다.

7 녹인 왁스를 핫플레이트에서 내리고 온도가 85℃ 정도 되었을 때 프래그런스 오일 5.6g을 넣고 잘 저어줍니다.

참고 • 왁스 타블렛의 향 오일 양은 캔들처럼 태워서 발향시키는 방법이 아닌 자연 발향되도록 만들어집니다. 그래서 기존의 캔들을 기준으로 왁스 대비 5~10%의 2배에서 3배 정도의 향 오일을 넣어야 자연 발향 시 향이 잘 나고 오랫동안 향을 유지시킬 수 있습니다. 타블렛에 들어가는 왁스의 14% 정도로 계산하여 향을 첨가해 주세요.

8 향료를 넣은 5번 과정의 왁스를 유리병의 2/3까지 잠기도록 실리콘 몰드에 부어줍니다.

| 드라이플라워와 미니장미 밀랍플라워로 왁스 타블렛 장식하기 |

9 왁스 표면이 굳어갈 때쯤 밀랍플라워와 드라이플라워를 준비해 줍니다.

10 드라이플라워를 왁스에 비스듬히 꽂아 줍니다.

참고 • 드라이플라워와 밀랍플라워를 왁스 표면에 깊숙이 꽂아주세요. 이때 유리병 안쪽에 있는 왁스에도 꽃을 꽂아주어야 꽃병 안이 휑하니 비어 보이지 않습니다.

11 미니장미 밀랍플라워를 미니꽃병 안쪽에 들어 있는 왁스가 보이게끔 맨 위에 꽂아서 고정시켜 줍니다.

12

12-1

13

13-1

12 왁스가 완전히 굳으면 타블렛 몰드에서 왁스 타블렛을 탈형합니다.

참고 • 타블렛 몰드에서 왁스 타블렛을 탈형할 때 자칫하면 타블렛 구멍이 난 부분이 부러질 수 있습니다. 타블렛 아랫부분을 지그시 눌러서 구멍 쪽부터 먼저 빼준 후 나머지 타블렛을 뒤집어 주면서 왁스 타블렛을 빼면 부러짐을 방지할 수 있습니다.

13 아일렛을 11번 과정의 타블렛 구멍에 꽂아 완성합니다.

참고 • 아일렛은 문구점이나 온라인 캔들 숍에서 손쉽게 구입할 수 있습니다. 리본을 구멍에 꽂을 때 왁스가 눌려 부서질 수 있는데 타블렛 구멍에 아일렛을 꽂아주면 타블렛 모양이 흐트러지지 않습니다. 원하는 공간에 왁스 타블렛을 걸어 장식할 수 있도록 리본도 달아보세요.

3

카네이션 밀랍플라워를 활용한 방향제

밀랍플라워 방향제는 캔들을 태우지 않고도 발향시킬 수 있습니다. 왁스 타블렛처럼 벽에 걸어서 사용하지 않고 화장실 또는 실내 어느 곳이든 방향제를 올려놓고 발향시킬 수 있는 방향제를 카네이션 밀랍플라워와 드라이플라워를 이용해 만들어보겠습니다.

난이도 중 / **제작시간** 약 3시간 / **발향 가능 기간** 약 2달

재료 준비

왁스 : 컨테이너 소이왁스(네이처 소이왁스) 70g
향료 : 프래그런스 오일 9.8g(왁스 대비 약 14%)
화이트 도자기 용기
카네이션 밀랍플라워
드라이플라워
장식용 스티커

도구 준비

핫플레이트
비커
시약스푼
전자저울
온도계

컨테이너 캔들 만들기

1 카네이션 밀랍플라워 방향제를 만드는 데 필요한 도구와 재료를 준비합니다.

참고 • 필수적으로 들어가는 도구는 16~19쪽을 참고합니다.

2 컨테이너용 소이왁스를 70g 계량한 후 핫플레이트에서 녹여 줍니다.

3 계량한 왁스를 핫플레이트에서 내린 후 온도가 65℃ 정도 되면 프래그런스 오일 9.8g을 넣고 잘 저어줍니다.

참고 • 카네이션 방향제는 앞에서 다룬 미니장미 왁스 타블렛과 똑같이 발향제로 사용하는 타블렛형 캔들입니다. 일반 캔들보다 향이 진하고 오래가도록 전체 왁스 대비 14% 정도로 향을 첨가해 줍니다.

4 녹인 왁스의 온도가 55℃ 정도 되면 화이트 도자기 용기에 부어줍니다.

| 카네이션 밀랍플라워와 드라이플라워로 왁스 장식하기 |

5 왁스 표면이 전체적으로 하얗게 변하고 화이트 도자기 용기 벽면이 미지근한 상태가 되면 표면이 2/3 정도 굳은 것입니다. 이때 카네이션 밀랍플라워를 꽂아 줍니다. 그리고 카네이션 주변을 드라이플라워로 장식해 줍니다.

6 드라이플라워를 다 꽂고 난 후 왁스 표면이 차가워질 때까지 완전히 굳혀 줍니다.

7 왁스 중앙에 감사 스티커를 붙여 줍니다.

8 화이트 도자기 용기 중앙에도 준비한 스티커를 붙여 완성합니다.

참고 • 감사 장식 스티커는 방산시장이나 온라인 캔들 숍에서 구입 가능합니다.

4

카네이션 밀랍플라워를 활용한 캔들

105쪽에서 완성한 카네이션 밀랍플라워를 활용해 다양한 디자인 캔들을 만들어 보세요. 이번 섹션에서는 팜 왁스가 굳으면서 나오는 팜 왁스 가루를 이용해 재미있는 카네이션 캔들을 만들어 보도록 하겠습니다. 단, 가루로 만드는지라 다른 캔들에 비해 다소 작업시간이 오래 걸릴 수 있으며 완성 후의 표면이 약하니 특별히 좀 더 조심히 다뤄줘야 합니다.

난이도 상 / **제작시간** 약 3시간

재료 준비

왁스 : 팜 왁스(눈꽃결정) 170g
향료 : 프래그런스 오일 11.9g(왁스 대비 약 7%)
7oz짜리 컨테이너 용기
카네이션 밀랍플라워
스모크리스 심지
심지 탭 스티커
향료
검은색 고체염료 소량

도구 준비

핫플레이트
비커
시약스푼 또는 유리막대
전자저울
온도계
웍트리머
심지꽂이
열풍기

| 컨테이너 캔들 만들기 |

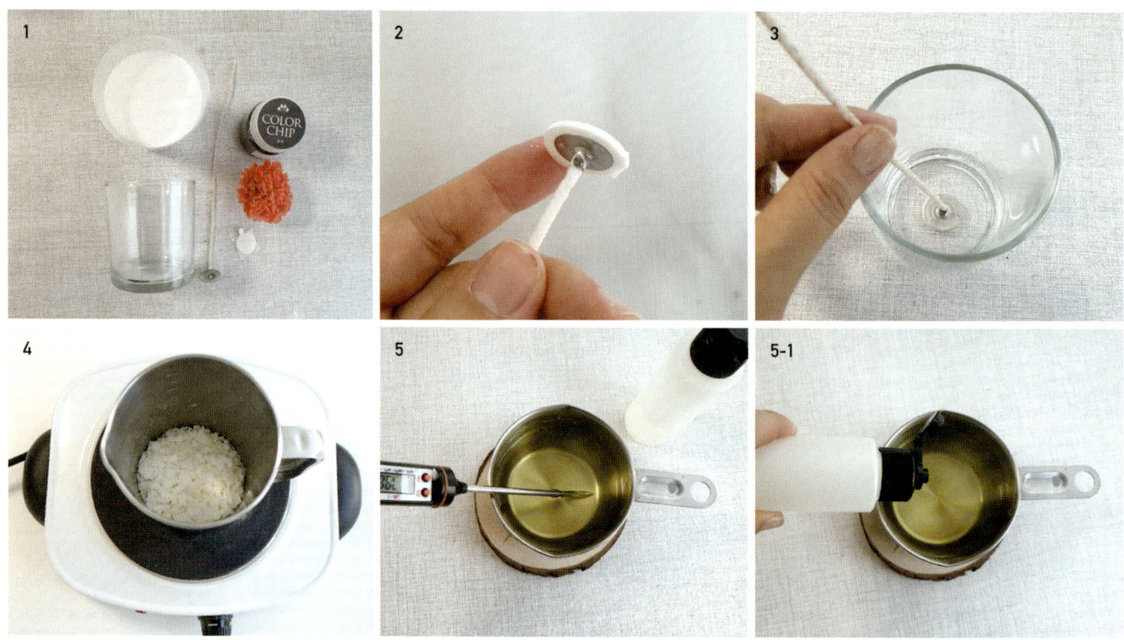

1 카네이션 캔들에 필요한 도구와 재료를 준비합니다.

참고 • 필수적으로 들어가는 도구는 16~19쪽을 참고합니다.

2 심지 탭 스티커를 스모크리스 심지 탭에 붙입니다.

3 컨테이너 용기 중앙에 심지 탭 스티커를 붙인 스모크리스 심지를 바닥에 단단히 붙여 줍니다.

4 팜 왁스 170g을 핫플레이트에 올려 녹여 줍니다.

5 녹인 왁스를 핫플레이트에서 내리고 온도가 95~100℃ 정도 되었을 때 프래그런스 오일 11.9g을 넣고 잘 저어줍니다.

6 5번 과정의 왁스를 비커 두 개에 각각 85g씩 나눠 담아줍니다. 그중 하나의 비커에 소량의 검은색 고체염료를 넣고 잘 저어줍니다.

참고 • 검은색 색소를 아주 조금만 넣어주면 회색 색상 표현이 가능합니다. 작은 아크릴판에 색이 첨가된 왁스를 한 방울씩 떨어뜨려 원하는 색상이 만들어졌는지 확인해 주세요.

7 팜 왁스에 막이 생길 때쯤 유리막대로 저어주면 팜 왁스가 서서히 가루로 변합니다. 완전히 가루가 될 때까지 계속 저어주세요.

8 가루가 된 팜 왁스를 원하는 모양의 용기에 넣어줍니다. 이 책에서는 색이 다른 두 가지 팜 왁스 가루를 번갈아 넣었습니다.

참고 • 용기에 가루가 골고루 잘 들어가도록 가루가 담긴 용기를 바닥에 놓고 탁탁 쳐주세요.

9 각각의 색을 번갈아가면서 층층이 쌓아 줍니다. 마지막에는 흰색 가루를 평평하게 넣어 마무리해 줍니다.

카네이션 밀랍플라워를 왁스에 장식하기

10 열풍기를 약하게 틀어서 캔들 위의 흰색 가루를 살짝 녹여 줍니다. 그래야 카네이션 밀랍플라워를 수월하게 꽂을 수 있습니다.

참고

1 가루를 너무 녹이면 왁스도 같이 녹을 수 있으니 천천히 약한 열기로 조금씩 녹여 주세요.

2 밀랍플라워 카네이션을 캔들에 단단히 고정시키려면 카네이션 중앙에 미리 심지 구멍을 내주어야 합니다. 밀랍플라워 캔들에 장식하기 전에 심지꽂이를 밀랍플라워 카네이션 중앙에 꽂아 살살 돌리면서 구멍을 내줍니다 .

---

11 8번 과정에서 녹인 왁스의 심지 중앙에 카네이션 밀랍플라워를 빠르게 꽂은 다음 살짝 눌러서 고정시켜 줍니다.

참고 • 너무 세게 누르면 미처 녹지 않은 왁스가 이미 녹은 왁스 위로 올라올 수 있습니다.

12 윅트리머를 이용해 심지를 자른 후 정리해 완성합니다.

5

밀랍플라워를 활용한 사과 캔들

밀랍플라워는 플라워 자체의 미적 표현뿐 아니라 밋밋한 캔들에도 생기를 불어넣어 줍니다. 지금부터 만들어볼 사과 캔들을 예를 들자면 사과 잎 하나만 밀랍으로 만들어줘도 먹음직스러운 실제 사과 같은 표현이 가능해집니다. 잎 모양의 몰드에 왁스를 부어 만든 사과 잎은 다소 인위적으로 보일 수도 있습니다. 하지만 밀랍시트로 얇은 사과 잎을 디테일하게 완성해 주면 좀 더 리얼한 사과 표현이 가능해집니다. 사과 잎뿐 아니라 다른 모든 캔들에도 응용하여 활용해 보세요.

난이도 하 / **제작시간** 약 2시간

재료 준비

왁스 : 컨테이너 소이왁스(골든 464) 45g
필라용 소이왁스 30g
향료 : 프래그런스 오일 5.25g(왁스 대비 약 7%)
3oz짜리 컨테이너 용기
초록색 밀랍시트
사과 모양의 실리콘 몰드
스모크리스 심지
심지 탭 스티커
향료
빨간색 고체염료 소량
장식용 스티커

도구 준비

핫플레이트
비커
시약스푼
전자저울
온도계
심지 고정대
산적용 꼬치
열풍기
윅트리머

컨테이너 캔들 만들기

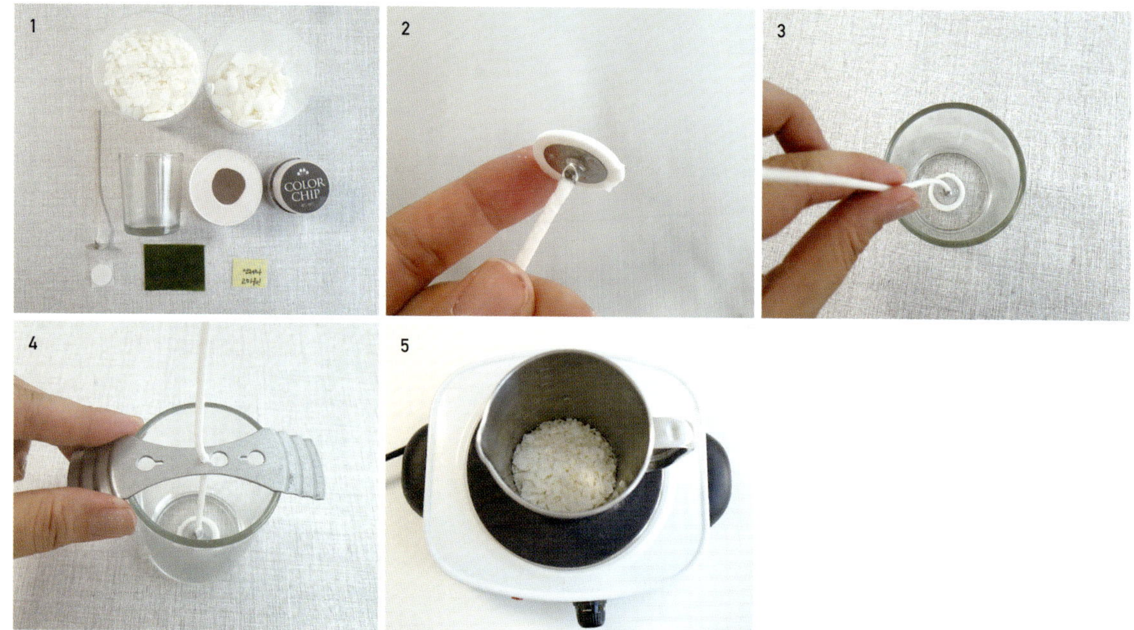

1 사과 캔들에 필요한 도구와 재료를 준비합니다.

참고 • 필수적으로 들어가는 도구는 16~19쪽을 참고합니다.

2 심지 탭 스티커를 스모크리스 심지 탭에 붙여 줍니다.

3 컨테이너 용기 중앙에 심지 탭 스티커를 붙인 스모크리스 심지를 바닥에 단단히 붙여 줍니다.

4 3번 과정의 심지 고정대를 이용해 심지를 용기 중심에 잘 고정시켜 줍니다.

5 컨테이너 소이왁스 45g을 핫플레이트에서 녹여 줍니다.

6

6-1

7

6 녹인 왁스를 핫플레이트에서 내리고 온도가 75~80℃ 정도 됐을 때 프래그런스 오일 3.2g을 넣고 잘 저어줍니다.

7 4번 과정의 왁스 온도가 70℃ 정도 됐을 때 컨테이너 용기에 부어 굳힙니다.

| 사과 캔들 만들기 |

8

8 필라용 소이왁스 30g을 핫플레이트에서 녹여 줍니다.

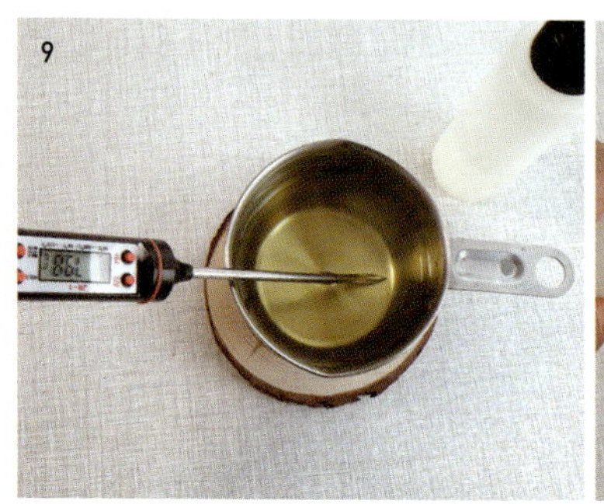
9

9-1

10

10-1

9 녹인 왁스를 핫플레이트에서 내린 후 온도가 85℃ 정도 됐을 때 프래그런스 오일 2g을 넣고 잘 저어줍니다.

10 9번 과정의 왁스에 빨간색의 고체염료를 넣고 잘 저어줍니다.

참고 • 빨간색 고체염료를 두세 개 정도(갈라진 염료 덩어리 기준) 넣어주고 작은 아크릴판에 한두 방울 떨어뜨려 본 후 원하는 색이 맞는지 확인하면서 염료를 가감해 색을 조절합니다.

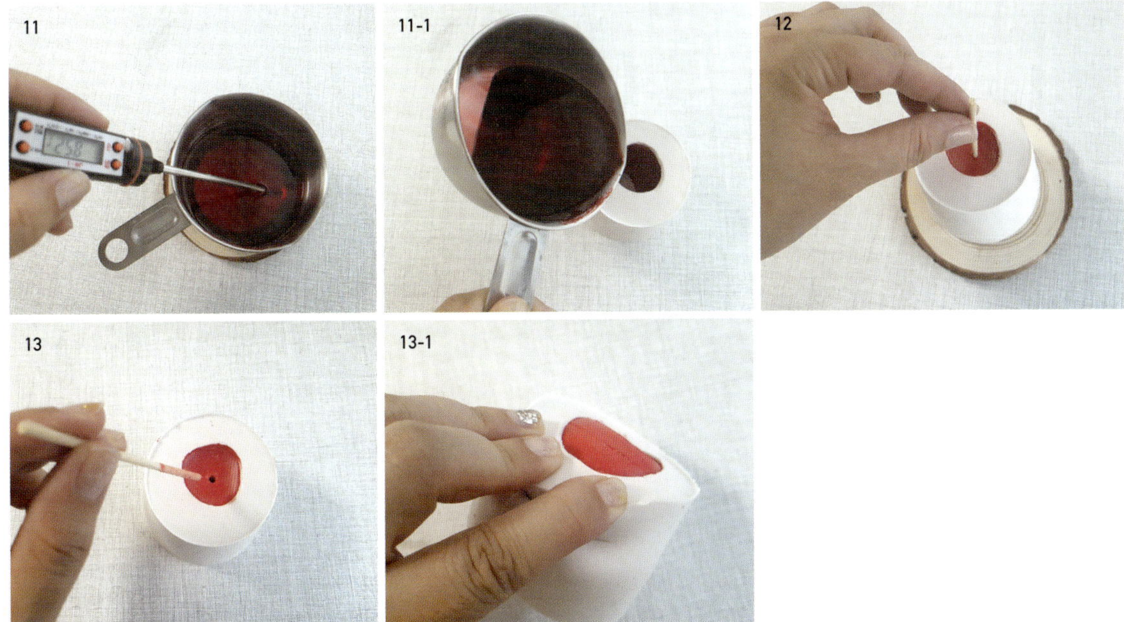
11 11-1 12 13 13-1

11 왁스의 온도가 75~80℃ 정도 되면 사과 모양의 실리콘 몰드에 부어줍니다.

12 산적용 꼬치를 몰드 중앙에 꽂아서 사과 캔들에 구멍을 내줍니다.

참고 • 심지 구멍이 잘 나도록 꼬치를 용기 바닥까지 꽂아주세요.

13 몰드의 왁스가 2/3 정도 굳으면 산적용 꼬치를 빼줍니다. 잠시 후 완전히 굳은 사과 모양의 왁스를 탈형합니다.

참고 • 손으로 실리콘 몰드 옆면과 밑면을 만졌을 때 살짝 미지근한 느낌이 나면 2/3 정도 굳은 것이고, 몰드 표면이 차가우면 완전히 굳은 것입니다. 그리고 실리콘 몰드 바닥 부분을 손으로 누르면서 몰드 구멍을 벌려주면 좀 더 캔들을 빼내기 수월합니다.

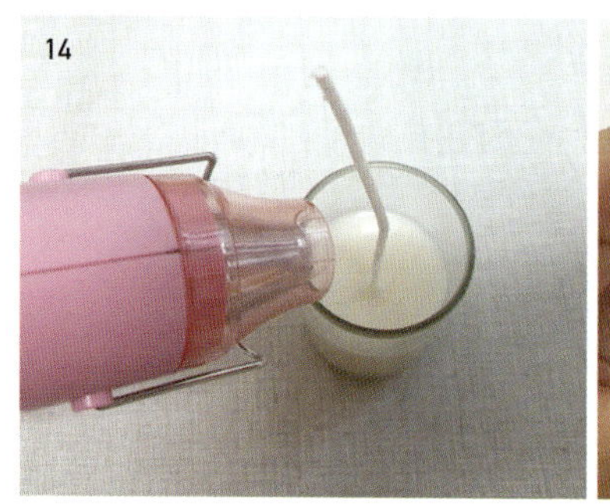
14

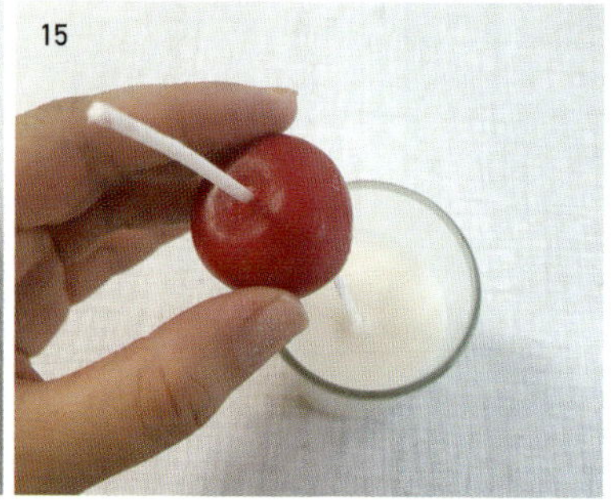
15

15-1

14 이제 캔들에 사과를 올릴 차례입니다. 13번 과정에서 만든 사과 모양의 왁스를 장식하기에 앞서 7번 과정에서 굳힌 캔들의 표면을 열풍기로 살짝 녹여 줍니다.

참고 • 너무 많이 녹이면 사과를 꽂은 후 번짐 현상이 생길 수 있으니 주의합니다. 왁스 표면이 살짝 녹으면 바로 사과 캔들을 꽂아줍니다.

15 14번 과정의 심지 중앙에 사과를 꽂고 살짝 눌러서 컨테이너에 붙여 줍니다.

| 밀랍시트로 사과에 장식할 사과 잎 만들기 |

16 초록색 밀랍시트를 잘라 사과 잎을 만들어줍니다.

16

16-1

17 사과 꼭지에 16번 과정에서 만든 사과 잎 끝을 눌러서 잘 붙여주고 모양을 정돈해 줍니다.

18 윅트리머로 심지를 0.3~0.5cm 정도 자른 후 용기 아랫부분에 장식용 스티커를 붙여 완성합니다.

참고 • 장식용 캔들 스티커는 방산시장이나 온라인 캔들 숍에서 구입 가능합니다.

6

미니장미 밀랍플라워로 장식한 선인장 캔들

이번에는 95쪽에서 만든 미니장미 밀랍플라워를 장식하여 선인장 캔들을 만들어 보겠습니다. 선인장 모양의 몰드로 캔들을 완성한 후 밀랍플라워로 장미를 만들어 실제 현무암 토분에 꽂아주었습니다. 조그만 밀랍장식 하나만으로도 인테리어 소품으로서 손색없는 완성도 높은 캔들을 만들 수 있습니다.

난이도 중 ／ **제작시간** 약 2시간 30분

재료 준비

왁스 : 컨테이너 소이왁스(골든 464) 170g, 필라용 소이왁스 50g
향료 : 프래그런스 오일 15.4g(왁스 대비 약 7%)
현무암 토분
미니장미 밀랍플라워
선인장 모양의 실리콘 몰드
스모크리스 심지
심지 탭 스티커
초록색과 검은색의 고체염료
장식용 종이 탭

도구 준비

핫플레이트
비커
시약스푼
전자저울
온도계
심지 고정대
산적용 꼬치
열풍기
윅트리머
철사

컨테이너 캔들 만들기

1 선인장 캔들에 필요한 도구와 재료를 준비합니다.

참고 • 필수적으로 들어가는 도구들은 16~19쪽을 참고합니다.

2 심지 탭 스티커를 스모크리스 심지 탭에 붙입니다.

3 현무암 토분 바닥 가운데에 2를 잘 고정시켜 줍니다.

4 심지 고정대로 심지를 중앙에 잘 붙여 줍니다.

5 컨테이너용 소이왁스 170g을 핫플레트 위에 놓고 녹여 줍니다.

6

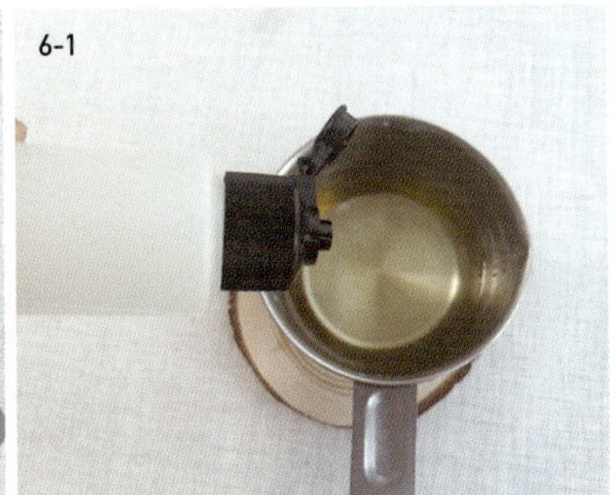
6-1

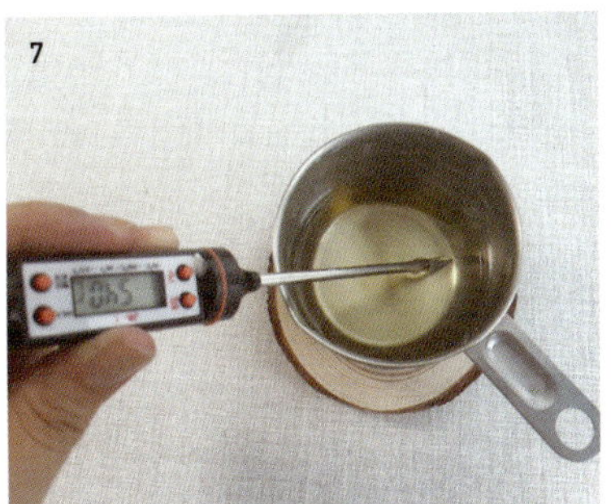
7

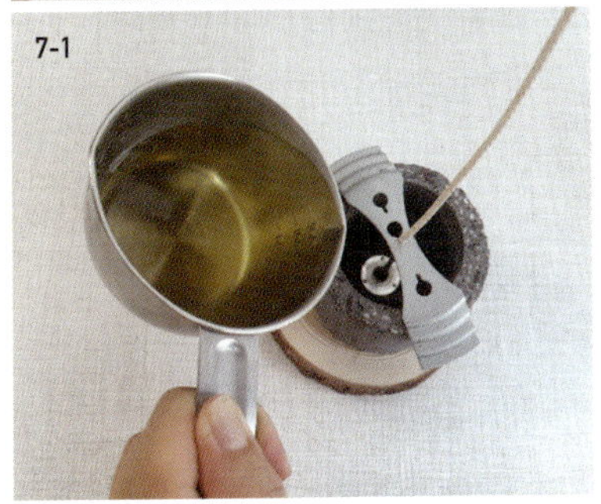
7-1

6 왁스가 다 녹으면 핫플레이트에서 내리고 온도가 75~80℃ 정도 되었을 때 프래그런스 오일 11.9g을 넣고 잘 저어줍니다.

7 왁스의 온도가 70℃ 정도 되면 용기에 붓습니다.

| 선인장 만들기 |

8 이제 선인장을 만들 차례입니다. 필라용 소이왁스 50g을 핫플레이트 위에 놓고 녹여 줍니다.

9 녹인 왁스를 핫플레이트에서 내린 후 1번 과정에서 준비한 초록색과 검은색 계열의 고체염료를 넣고 잘 저어줍니다. 이때 원하는 색상이 나올 때까지 염료를 조금씩 넣어가며 조색해 줍니다.

10 9번의 왁스 온도가 85℃ 정도 되면 프래그런스 오일 3.5g을 넣고 잘 저어줍니다.

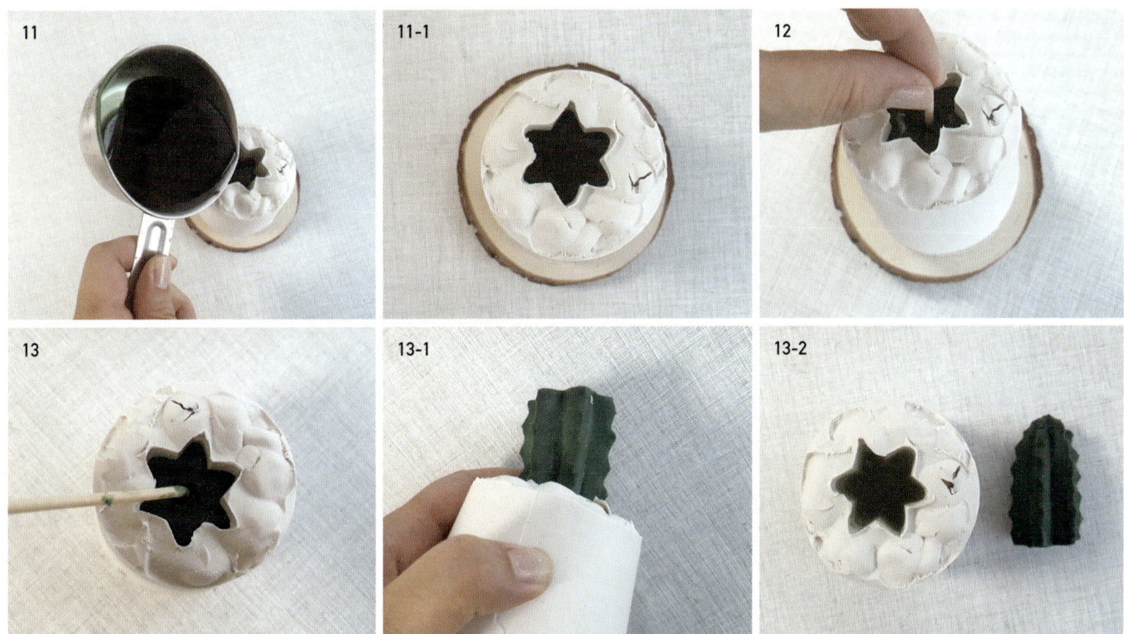

11 왁스의 온도가 75~80℃ 정도 되면 선인장 몰드에 부어줍니다.

12 왁스가 1/3 정도 굳으면 선인장 몰드 중앙에 산적용 꼬치를 꽂아줍니다. 눈으로 봤을 때 몰드 왁스의 윗면이 굳으면 산적용 꼬치를 꽂을 수 있는 최적의 상태가 된 것입니다.

참고 • 선인장에 심지 구멍이 잘 나도록 바닥까지 꾹 눌러서 꽂아주세요.

13 왁스가 2/3 정도 굳으면 산적용 꼬치를 빼고 안까지 왁스를 완전히 굳힌 후 선인장을 탈형합니다.

| 컨테이너 토분용기에 선인장과 밀랍플라워 장미 꽂아주기 |

14 14-1 14-2 15 15-1

14 7번 과정에서 준비한 현무암 토분의 윗면을 열풍기로 살짝 녹여줍니다. 그리고 12번 과정의 선인장을 심지 중앙에 오게 한 후 왁스에 선인장이 잘 붙도록 꾹 눌러줍니다.

15 미니장미 밀랍플라워 아랫부분에 철사를 달아 선인장 캔들에 꽂아줍니다.

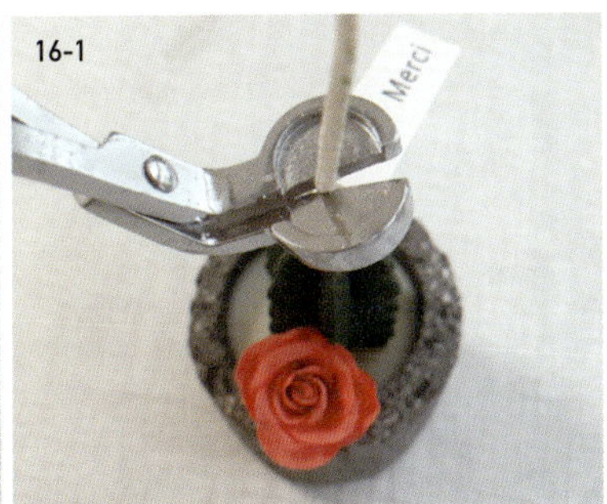

16 장식용 탭을 심지에 꽂은 후 윅트리머로 심지를 0.3~0.5cm 정도 잘라 완성합니다.

참고 • 장식용 종이 탭은 방산시장이나 온라인 캔들 숍 혹은 오프라인 소품 숍에서 구입 가능합니다.

7

수국 밀랍플라워를 활용한 디퓨저

디퓨저는 스틱을 통해 발향되는 방향제입니다. 수국을 풍성한 다발로 완성해 줄기 부분을 디퓨저 스틱으로 연결해 주면 고급 디퓨저 못지않은 제품이 됩니다. 디퓨저는 캔들처럼 왁스를 연소해서 발향시키는 방식이 아니기 때문에 반영구적으로 향을 리필해 사용할 수 있습니다. 수국 밀랍플라워 외에도 다양한 고급 밀랍플라워 디퓨저를 만들어 주변에 선물해 보세요.

난이도 하 / **제작시간** 약 10분

재료 준비

디퓨저 베이스 70ml
프래그런스 향료 30ml
100ml짜리 디퓨저 용기
풍성한 다발의 수국 밀랍플라워

도구 준비

유리 비커
유리 막대

| 디퓨저 용액 만들기 |

1 디퓨저에 필요한 도구와 재료를 준비합니다.

2 디퓨저 베이스 70ml를 저울에 계량한 후 프래그런스 오일 30ml를 넣고 잘 저어줍니다.

참고 • 디퓨저 베이스 – 15쪽 참고

주의 • 아로마 에센셜 오일의 경우 1주일에서 2주일 정도의 숙성기간을 거친 후에 디퓨저에 사용합니다. 비커에 담아 상온에서 뚜껑을 덮은 상태로 숙성시켜 주면 됩니다. 중간에 디퓨저 베이스와 향료의 분리 현상이 일어나면 잘 저어줍니다. 프래그런스 오일은 아로마 오일과 마찬가지로 비커에 담아 2~3일 숙성시킨 다음 무수에탄올에 들어 있는 알코올 냄새가 사라질 때까지 기다렸다가 용기에 담아 사용합니다.

3 2를 디퓨저 용기에 부어줍니다. 이 책에서는 프래그런스 오일을 2~3일 숙성시켜 사용했습니다.

디퓨저 용기에 수국 밀랍플라워 스틱 꽂아주기

4

4-1

4 수국 밀랍플라워를 디퓨저 용기에 꽂아 줍니다. 이 책에서는 10송이 정도의 수국 밀랍플라워를 다발로 묶어 사용했습니다.

참고 • 줄기를 디퓨저 스틱으로 만들면 발향이 더 잘 됩니다.